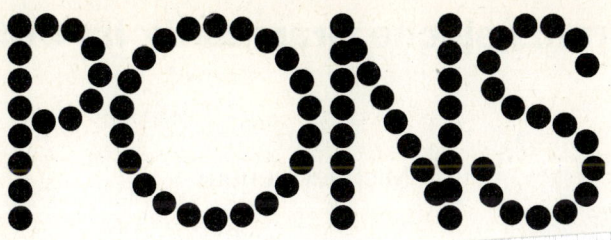

Französische Grammatik im Griff

von
Michael Deneux

Ernst Klett Verlag
Stuttgart · Düsseldorf · Leipzig

Französische Grammatik im Griff

von
Michael Deneux

 Dieses Werk folgt der reformierten
Rechtschreibung und Zeichensetzung.

 Gedruckt auf Papier, das aus chlorfrei
gebleichtem Zellstoff hergestellt wurde.

1. Auflage 1 ^{4} ^{3} ^{2} ^{1} | 2000   99 98 97

Redaktion: Regina Reinboth-Kämpf
Einbandgestaltung: Erwin Poell, Heidelberg; Ilona Arfaoui, Stuttgart
Druck: Druckerei zu Altenburg, Altenburg
Printed in Germany
ISBN 3-12-560972-0

So benutzen Sie dieses Buch

Französische Grammatik im Griff ist ein Buch zum Nachschlagen, Lernen und Üben.

Sie sind der Typ der/des modernen Lernenden: mit wenig Zeit, aber einem hohen Bedarf an schnell zugänglichen und gut aufbereiteten Informationen. Wenn Sie bemerken, dass Sie bei bestimmten französischen Endungen, Wörtern oder Sätzen immer wieder Schwierigkeiten haben, wollen Sie dieses Problem wahrscheinlich schnell und gründlich beseitigen. Damit Sie rasch die richtige Stelle im Buch finden, besitzt diese Grammatik drei verschiedene Verzeichnisse, die Sie ans Ziel führen können:

– *Sie sind sich nicht mehr sicher, wie der Subjonctif gebildet oder gebraucht wird? Die wichtigsten Wörter und Begriffe haben Sie über das Inhaltsverzeichnis auf Seite 5 im Griff.*

– *« heureux – heureusement » – wo liegt eigentlich der Unterschied? Zahlreiche Formen finden Sie leicht im Wegweiser durch das Buch auf Seite 6.*

– *Wie war das bei den Mengenangaben? Da war doch etwas mit « aller + Infinitiv »? Wann benützt man « lui »? Wenn Sie sich über Sinn und Bedeutung grammatikalischer Begriffe oder Wörter nicht mehr im Klaren sind, hilft Ihnen der Index auf Seite 141.*

Typischer Aufbau eines Grammatikkapitels:

Hier können Sie die Sprache unter die Lupe nehmen: Sie sehen das Grammatikthema des Abschnitts im Satzzusammenhang und finden zu Ihrer Sicherheit meist eine deutsche Übersetzung.

Hier erfahren Sie, wie Sie das Puzzle der Wörter richtig zusammensetzen: Tabellen zeigen Ihnen die wichtigsten Formen oder Endungen. Mit Hilfe typisch französischer Sätze können Sie sich einprägen, wie die Formen und Wörter „eingebaut" und richtig verwendet werden.

Achtung! Hier finden Sie wichtige Hinweise zu häufigen Missverständnissen und Schwierigkeiten.

Entraînez-vous *Wollen Sie sicher gehen, dass Sie das Wesentliche verstanden haben? In 11 Testblocks zu den wichtigsten Grammatikkapiteln können Sie Ihre Kenntnisse rasch überprüfen.*

Grammatikbegriffe in der Übersicht

Die in diesem Buch verwendeten Begriffe sind durch Fettdruck hervorgehoben.

Französisch	Deutsch	Lateinisch
Actif	Tat-/Tätigkeitsform	**Aktiv**
Adjectif	Eigenschaftswort	**Adjektiv**
Adjectif démonstratif	Hinweisender Begleiter	**Demonstrativbegleiter**
Adjectif indéfini	Unbestimmter Begleiter	**Indefiniter Begleiter**
Adjectif interrogatif	Fragebegleiter	**Interrogativbegleiter**
Adjectif possessif	Besitzanzeigender Begleiter	**Possessivbegleiter**
Adverbe	Umstandswort	**Adverb**
Article	Geschlechtswort	**Artikel**
Comparatif	1. Steigerungsstufe	**Komparativ**
Complément circonstanciel	Umstandsbestimmung	**Adverbiale Bestimmung**
Complément d'objet	Ergänzung	**Objekt**
Conditionnel	Bedingungsform	~ Konditional
Conjonction	Bindewort	**Konjunktion**
conjuguer	beugen	**konjugieren**
Déterminant du nom	Begleiter des Hauptworts	**Begleiter des Nomens**
Féminin	Weiblich	**Feminin**
Futur	Zukunft	**Futur**
Imparfait	1. Vergangenheit	~ Imperfekt/Präteritum
Impératif	Befehlsform	**Imperativ**
Infinitif	Grund-/Nennform	**Infinitiv**
Masculin	Männlich	**Maskulin**
Nom	Hauptwort	**Nomen**, Substantiv
Participe passé	Mittelwort der Vergangenheit	**Partizip Perfekt**
Passé composé	Vollendete Gegenwart	~ Perfekt
Passif	Leideform	**Passiv**
Pluriel	Mehrzahl	**Plural**
Plus-que-parfait	Vorvergangenheit	Plusquamperfekt
Préposition	Verhältniswort	**Präposition**
Présent	Gegenwart	**Präsens**
Pronom	Fürwort	**Pronomen**
Pronom adverbial	Umstandsfürwort	**Adverbialpronomen**
Pronom démonstratif	Hinweisendes Fürwort	**Demonstrativpronomen**
Pronom indéfini	Unbestimmtes Fürwort	**Indefinites Pronomen**
Pronom interrogatif	Fragefürwort	**Interrogativpronomen**
Pronom personnel	Persönliches Fürwort	**Personalpronomen**
Pronom personnel complément	Stellvertreter einer Ergänzung	**Objektpronomen**
Pronom personnel sujet	Stellvertreter des Satzgegenstands	**Subjektpronomen**
Pronom possessif	Besitzanzeigendes Fürwort	**Possessivpronomen**
Pronom réfléchi	Rückbezügliches Fürwort	**Reflexivpronomen**
Pronom relatif	Bezügliches Fürwort	**Relativpronomen**
Proposition conditionnelle	**Bedingungssatz, si-Satz**	Konditionalsatz
Singulier	Einzahl	**Singular**
Subjonctif	–	–
Sujet	Satzgegenstand	**Subjekt**
Superlatif	2. Steigerungsstufe	**Superlativ**
Verbe	Tätigkeitswort	**Verb**
Verbe pronominal	Rückbezügliches Verb	**Reflexives Verb**
Voyelle	Selbstlaut	**Vokal**

Inhaltsverzeichnis

Wegweiser durch das Buch

J'ai fait **un** voyage en France.
J'ai vu beaucoup d'anim**aux**.

Nomen – Tips zu Geschlecht und Pluralendungen siehe S. 8.

Michel achète **des** pommes
et **du** pain.
Il n'achète pas **de** tomates.
Il n'aime pas **les** légumes.

*Wann steht noch mal welcher **Artikel**? Siehe S. 13.*
*Und bei der **Verneinung** von Nomen? Antworten auf S. 15 und S. 89.*

Je **le lui** ai demandé.
Moi, je vais **le lui** dire.
Il n'**y en** a plus.

*Klein aber oho! Die **Personalpronomen**, S. 24 und S. 32, und **Adverbial-pronomen**, S. 28. Bloß wohin damit? Ihre Stellung auf S. 30.*

Tu aimes **cette** robe ?
Non, pas **celle**-là.

*Und dann gibt es noch die **Demonstrativbegleiter**, S. 16, und **Demonstrativpronomen**, S. 33.*

Elle attend **sa** copine.
Elles attendent **leurs** copines.
La sienne et **les leurs**.

*Wie war das eigentlich mit **son**, **sa**, **ses**, **leur** und **leurs**? **Possessivbegleiter**, S. 17, und **Possessivpronomen**, S. 34.*

Il n'a pas dormi **toute** la nuit.
Il se lève **chaque** nuit.
Dieu pour **tous**, **chacun** pour soi.

***Tout**, **chaque**, **chacun**...*
*„Bestimmter" als ihr Name sagt: **indefinite Begleiter** bzw. **Pronomen** auf S. 19 und S. 35.*

J'ai un ami **qui** fait du moto-cross.
L'ami **dont** je t'ai parlé s'est marié.

***Relativpronomen** – eigentlich relativ einfach. Mehr auf S. 37.*

Qu'est-ce que vous **lisez**?
Je **lis** un roman.

*Nicht nur eine Übersicht der wichtigsten **unregelmäßigen Verben** des **Présent** finden Sie ab S. 44.*

Nous **avons marché** toute la journée.
A dix heures du soir, nous **sommes revenus** à l'hôtel.

*Wann wird das **Passé composé** mit **être** und wann mit **avoir** gebildet? Wann wird das **Partizip Perfekt** verändert, wann nicht? Mehr auf S. 54.*

A six heures, il **faisait** jour.
A six heures et quart, je **suis parti**.

*Wie funktioniert das **Imparfait**? S. 56. Wann steht das **Imparfait** und wann das **Passé composé**? S. 57.*

Je vous **rendrai** votre argent la
semaine prochaine.
Demain, je **vais acheter** une
nouvelle voiture.

Zukunft? Dafür gibt es zwei Möglichkeiten: *Futur simple* und *Futur
composé*, ab S. 61.

Pourriez-vous m'aider?

*Hat nicht unbedingt etwas mit Konditio-
nen zu tun: das Conditionnel auf S. 68.*

Il faut que tu **fasses** tes devoirs.

*Der **Subjonctif** leicht gemacht durch
ausführliche Übersichten, S. 71.*

Ferme la porte.

*Bitten, Wünsche, Befehle! **Imperativ**
siehe S. 77.*

Avec des **si**, on mettrait Paris dans
une bouteille.

*Dieses Sprichwort will sagen, dass man
mit **si** unmögliche Sachen erreichen
könnte. Zu den **si-Sätzen** S. 78.*

Cet avion fait un bruit **énorme**.
Oui, tu as raison. Il fait
énormément de bruit.

*énorme – énormément: Da war doch
ein kleiner Unterschied? Zu Adjektiv
und Adverb siehe S. 94 und S. 103.*

Nous allons **en** Bourgogne,
dans l'Yonne, **à** Auxerre.
Quand je suis en France, je
n'arrête pas de manger.

*Kleine Wörter „zwischendrin":
Präpositionen, S. 111, und
Konjunktionen, S. 121.*

… quatre-ving**ts**, quatre-vingt-**un** …
Il est **midi moins le quart**.

*Und da noch die „schlimmen" **Zahlen**
und **Zeitangaben**, S. 123 und S. 126.*

Il montre sa nouvelle voiture
à son collègue.

*Und wie setzt man das alles hinterein-
ander? **Wortstellung** im **Aussagesatz**
siehe S. 127.*

Est-ce que tu as faim ?
Qu'est-ce qu'il a dit ?

*Noch **Fragen**? Antworten auf S. 129.*

Geschlecht

un banc
une salade

Im Französischen gibt es zwei
Geschlechter: maskulin (männlich)
und feminin (weiblich).
Sächliche Nomen gibt es nicht.

1. „normale" Endung auf -e:
un Français – **une** Française
un Allemand – **une** Allemande

2. -ier/-ière, -teur/-trice, etc.:
un ouvrier – **une** ouvrière
un directeur – **une** directrice

Zahlreiche Nomen haben sowohl
eine maskuline als auch eine
feminine Form für Personen-
und Tierbezeichnungen.
Ebenso: **un voisin – une voisine,
un Italien – une Italienne,
un chien – une chienne,
un lion – une lionne,
un vendeur – une vendeuse,
un instituteur – une institutrice**

un homme – **une** femme
un frère – **une** sœur
un mari – **une** femme
un garçon – **une** fille

Bei einigen Personen- und
Tierbezeichnungen weisen die
Formen unterschiedliche
Wortstämme auf.
Ebenso: **un neveu – une nièce,
un parrain – une marraine,
un oncle – une tante,
un coq – une poule**

un élève – **une** élève
un propriétaire – **une** propriétaire
un secrétaire – **une** secrétaire
un collège – **une** collège

Einige Nomen haben zwei
Geschlechter, die sich aber nur
durch den Artikel unterscheiden.
Ebenso: **un Belge – une Belge,
un touriste – une touriste,
un journaliste – une journaliste**

un architecte
un médecin
un auteur
un professeur

Bei einigen Nomen gibt es nur die
maskuline Form für beide
Geschlechter.
Ebenso: **un reporter, un juge,
un écrivain, un expert, un chef,
un ministre, un guide**

une lune
un soleil
un rôle
une place

*Bei Nomen, die eine Sache bezeichnen,
sollte man stets den Artikel mitlernen,
da sie im Deutschen oft ein anderes
Geschlecht haben.*

le tour**isme**, **le** terror**isme**
un dev**oir**, **le** pouv**oir**
un mo**teur**, **un** ordina**teur**
un trav**ail**, **un** dét**ail**
un can**al**, **un** hôpit**al**
un cah**ier**, **un** mét**ier**
un bill**et**, **un** guich**et**
un coll**ège**, **un** man**ège**

Nomen mit den Endungen **-isme,
-oir, -teur, -ail, -al, -ier, -et, -ège**
sind immer maskulin.

un voy**age**, **un** gar**age**
un départe**ment**, **un** loge**ment**
un vél**o**, un haric**ot**
un mel**on**, **un** citr**on**
un bur**eau**, **un** plat**eau**
le v**ent**, **le** tal**ent**

*Nomen mit diesen Endungen sind
meistens maskulin. Es gibt aber zu
jeder Endung Ausnahmen:*
Beispiele: **une image, une plage,
une page, une jument, une
photo, la météo, la peau,
une dent**

une ami**tié**, **une** moi**tié**
une charcute**rie**, **une** bouche**rie**
une correspond**ance**
une différ**ence**, **une** influ**ence**
la jeun**esse**, **la** fin**esse**
une bicycl**ette**, **une** allum**ette**
une cr**ise**, **une** b**ise**
une frit**euse**, **une** perc**euse**

Nomen mit den Endungen **-tié, -rie,
-ance, -ence, -esse, -ette, -ise,
-euse** *sind immer feminin.*

une promen**ade**, **une** sal**ade**
une journ**ée**, **une** id**ée**
une malad**ie**, **une** librair**ie**
une déci**sion**, **une** révi**sion**
une ident**ité**, **une** activ**ité**

*Nomen mit diesen Endungen sind
meistens feminin. Es gibt zu jeder
Endung Ausnahmen:*
Beispiele: **un stade, un lycée, un
musée, un incendie, un million,
un camion, un avion, un comité**

Singular und Plural

un ami – des ami**s**
une chaise – des chaise**s**

*Die meisten Nomen erhalten ihren Plural, indem man ein **-s** an den Singular anhängt.*

un f**eu** – des f**eux**
un anim**al** – des anim**aux**
un mant**eau** – des mant**eaux**
un trav**ail** – des trav**aux**
un ch**ou** – des ch**oux**

*Einige Nomen bilden einen unregelmäßigen Plural. Dazu gehören die Endungen: **-eu, -al, -eau, -ail** und manche Nomen auf **-ou**.
Es gibt hier aber auch Ausnahmen:
**un bal – des bals,
un détail – des détails,
un pneu – des pneus,
un fou – des fous***

un boi**s** – des boi**s**
un pri**x** – des pri**x**
un ne**z** – des ne**z**

*Die Nomen auf **-s**, **-x** und **-z** werden im Plural nicht verändert.*

monsieur – **mes**sieur**s**
madame – **mes**dame**s**
mademoiselle – **mes**demoiselle**s**
un **œil** – des **yeux**
un œuf – des œuf**s**
un bœuf – des bœuf**s**
un os – des os

*Einige Nomen besitzen im Plural Sonderformen.
Bei **des œufs, des bœufs** und **des os** ist nicht die Schrift, sondern die Aussprache zu beachten: **[dezø]**, **[debø]** und **[dezo]**.*

les ciseaux, **les** environs,
les épinards, **les** lunettes,
les mathématiques, **les** toilettes

Einige Nomen gibt es nur in der Pluralform oder sie haben im Singular eine andere Bedeutung.

les Dutour, **les** Renault
les Hohenzollern

Eigennamen haben in der Regel keinen Plural.
*Aber: **les** Bourbon**s***

Ergänzen

Bilden Sie Paare: Ergänzen Sie die fehlenden maskulinen oder femininen Nomen.

un danseur *une danseuse*   un neveu *une nièce*

un roi   une reine   un instituteur *une institutrice*

un camarade   une camarade   *un criminel*   une criminelle

un peintre *un peintre*   *un duc*   une duchesse

un invité *une invitée*   *un victime*   une victime

Übersetzen

Übersetzen Sie die Nomen ins Deutsche.

le livre *das Buch*   la livre *das Pfund*

le critique *der Kritiker*   la critique *die Kritik*

le parti *die Partei*   la partie *das Teil*

le poêle *der Ofen*   la poêle *die Pfanne*

Erinnern

Bilden Sie zu den Nomen im Singular die Pluralform.

le cheval *les chevaux*   le détail *les détails*

le mal *les maux*   le bijou *les bijoux*

le cours *les cours*   l'œil *les yeux*

Ordnen

Ordnen Sie die Begriffe nach den Gruppen maskuline und feminine Nomen. Tragen Sie sie zusammen mit dem bestimmten Artikel in die Tabelle ein und bilden Sie den Plural.

monsieur · Espagnole · chienne · adolescente · ouvrier · actrice · Belge · médecin · mouchoir · ordinateur · fusée · baguette · détail · cheval · prix · maladie · décision · nez · œil · bal · révision · différence · soleil · crise · hôtel · image · dent

maskuline Nomen		feminine Nomen	
Singular	Plural	Singular	Plural
le monsieur	les messieurs	l'Espagnole	les Espangoles
l'ouvrier	les ouvriers	la chienne	les chiennes
le Belge	les Belges	l'adolescente	les adolescentres
le médecin	les médecins	l'actrice	les actrices
le mouchoir	les mouchoirs	la fusée	les fusée
le détail	les détails	la baguette	les baguettes
le cheval	les chevaux		
le prix	les prix		

Lösungen siehe Seite 135.

Begleiter des Nomens

Begleiter sind Wörter, die nur zusammen mit Nomen vorkommen. Davon zu unterscheiden sind die Pronomen, die <u>anstelle</u> eines Nomens stehen (siehe Seite 24).

L'ecole se trouve près **du** cinéma.
Tu veux acheter **du** fromage et **une**
  bouteille **de** vin rouge ?
Je n'aime pas **cet** hôtel.
Il prend **ses** clés.
Tu as déjà lu **tous ces** livres ?

Quel âge avez-vous ?

Die Schule ist neben dem Kino.
Möchtest du Käse und eine
  Flasche Rotwein kaufen?
Ich mag dieses Hotel nicht.
Er nimmt ihre / seine Schlüssel.
Hast du schon alle diese Bücher
  gelesen?
Wie alt sind Sie?

Bestimmter und unbestimmter Artikel

bestimmter Artikel		
	maskulin	*feminin*
Singular	**le** monsieur	**la** dame
	l'hôtel	**l'**histoire
Plural	**les** messieurs	**les** dames
	les hôtels	**les** histoires

unbestimmter Artikel				
	zählbar		*nicht-zählbar*	
	maskulin	*feminin*	*maskulin*	*feminin*
Singular	**un** monsieur	**une** dame	**du** lait	**de la** tarte
	un hôtel	**une** histoire	**de l'**ail	**de l'**eau
Plural	**des** messieurs	**des** dames	–	–
	des hôtels	**des** histoires		

l'animal, **l'**enfant, **l'**idée, **l'**or, **l'**usine,
l'hôtel

*Nomen, die mit Vokalen oder „stummem h" beginnen, haben normalerweise als bestimmten Artikel nicht **le** oder **la**, sondern **l'**.*

le haricot, **la h**alle, **le H**ollandais,
la halte, **le h**andicap, **le h**areng,
le hold-up

*Einige Nomen mit **h** haben nicht **l'**, sondern **le** oder **la** als bestimmten Artikel. Diese Nomen sind germanischen Ursprungs (in Wörterbüchern steht vor einem solchen **h** ein kleiner Strich: '**h**).*

13

Michel **va à la** piscine.
Il **va au** café.
Il **va aux** Pays-Bas.

Michel **vient de la** piscine.
Il **revient du** café.
Il **revient des** Pays-Bas.

*Mit der Präposition **à** verschmilzt
der bestimmte Artikel **le** zu **au**,
der Artikel **les** zu **aux**.*

*Mit der Präposition **de** verschmilzt
le zu **du** und **les** zu **des**.*

Der bestimmte Artikel

Ce soir, **le** président sera à **la** télévision.
Tu veux promener **le** chien ?
J'ai mangé une orange. **L'**orange était
délicieuse.

*Nomen mit bestimmtem Artikel
sind, wie im Deutschen, eindeutig
bestimmbare Lebewesen oder
Dinge.*

Der bestimmte Artikel steht:

Demain, nous irons chez **les** Dutour.
Le chancelier Kohl a fait un voyage
officiel en France.
Ma fille a consulté **le** docteur Petit.
Bonsoir, madame **le** professeur.

– vor Familiennamen
*– vor Titeln, wenn der Familien-
name folgt*
*– bei der Anrede, wenn der Titel
folgt.*
<u>*Aber:*</u> ***Bonjour, docteur. Bonjour,
professeur.***

J'aime **la** France, **la** Suisse, **le** Portugal,
l'Australie, **l'**Alsace, **la** Corse et
les Landes.

*– vor geographischen Bezeich-
nungen (Länder, Kontinente,
Provinzen, Departements
und größere Inseln)*

Le matin, je dors jusqu'à sept heures.
Mais demain matin, je peux dormir
jusqu'à neuf heures.
Le lundi, les musées sont fermés. Mais
lundi prochain, ils seront ouverts.
Aujourd'hui, nous sommes mardi.
Aujourd'hui, nous sommes **le** jeudi 10 mai.

*– bei den Tageszeiten und Wochen-
tagen <u>nur</u> dann, wenn etwas
immer geschieht („morgens",
„montags")*
*– bei einem Wochentag auch dann,
wenn eine Datumsangabe folgt*

Il **aime les** fruits et il **déteste les** légumes.
Et moi, j'**adore le** lait.
Mais je n'aime **pas les** pommes.

*– nach **aimer, détester, adorer**
und ähnlichen Verben (auch bei
verneinten Sätzen)*

L'argent n'a pas d'odeur.
Les citrons sont riches en vitamine C.

*– bei verallgemeinernden Aussagen;
im Deutschen gibt es hier häufig
keinen Artikel.*

14

Der unbestimmte Artikel

Va acheter **des** oranges et **de la** farine.
Combien en faut-il ?
Achète **un** kilo d'oranges et **un** paquet de
farine.

*Der unbestimmte Artikel steht wie
im Deutschen vor Nomen, die nicht
eindeutig bestimmt sind.
Vorsicht! Im Gegensatz zum Deutschen kennt das Französische auch im
Plural einen unbestimmten Artikel.
Bsp.: **des oranges** = Orangen*

J'ai **un** bon copain.
On va regarder **des** photos et écouter
des CD.

***un, une** und **des** stehen vor einer
unbestimmten Anzahl <u>zählbarer
Dinge</u>.*

On va boire **de l**'eau minérale et on va
manger **du** pain avec **du** fromage. Comme
dessert il y aura **de la** tarte au citron.

***du, de la** und **de l'** stehen vor
einer unbestimmten Menge <u>nicht
zählbarer Dinge</u>.*

Tu bois **un verre d**'eau ?
Tu prends **un peu de** fromage ?
Tu veux **un morceau de** tarte ?
Oui, je veux **beaucoup de tarte** !

*Nach den meisten <u>Mengenangaben</u>
steht nur **de** + Nomen (ohne
Artikel!).*

Tu prends encore un verre d'eau ?
Non, je ne veux **plus d'**eau.
Tu veux une pomme ?
Non, **pas de** pomme.

*Bei der Verneinung von Nomen
steht wie bei Mengenangaben
nur **pas de** bzw. **plus de** (ohne
Artikel).*

La plupart des gens ont dormi.
Une partie des gens ont chanté.
Il reste encore **la moitié de la** tarte et
la plus grande partie des fruits.

*Bei diesen Mengenangaben folgt
nach **de** immer der vollständige
Artikel.*

 Zum Gebrauch des Artikels bei Adjektiven siehe Seite 97.

 Zum Gebrauch des Artikels bei Verneinungen siehe auch Seite 89.

Feststehende Ausdrücke:

Il a soif / faim / peur.
Il a besoin d'une voiture.
Il a raison / tort.

*Bei einigen Ausdrücken steht kein
Artikel.*

Il a **le** téléphone.
Il regarde **la** télé.
Il écoute **la** musique.
Il apprend **l'**allemand.

*Bei einigen Wendungen steht, im
Gegensatz zum Deutschen, der bestimmte Artikel.*

Demonstrativbegleiter: ce, cet, cette, ces

Tu aimes **cette** chemise ?	*Magst du dieses Hemd?*
Non, je préfère **ce** pull.	*Nein, ich mag lieber diesen Pullover.*
Et j'aime bien **cet** anorak.	*Und mir gefällt dieser Anorak.*

	Nomen im Singular	*Nomen im Plural*
maskulin	**ce** monsieur / **cet h**ôtel	**ces** messieurs / **ces** hôtels
feminin	**cette** dame / **cette** histoire	**ces** dames / **ces** histoires

cet hôtel, **cet** anorak, **cet** homme **cette** église, **cette** histoire, **cette** idée	*Nur <u>maskuline</u> Nomen, die mit Vokal oder „stummem h" beginnen, haben **cet** als Demonstrativbegleiter.*
ce haricot, **ce** Hollandais	*Bei Nomen mit **h** germanischen Ursprungs bleibt **ce** erhalten (vgl. bestimmter Artikel, Seite 13).*
Tu as vu **cette** fille ? Tu peux m'expliquer **cette** phrase ? On va au cinéma **ce** soir.	*Demonstrativbegleiter und Nomen weisen wie im Deutschen auf Lebewesen oder Dinge hin, die sich räumlich oder zeitlich <u>in der Nähe</u> des Sprechers befinden.*
Tu connais **cet** homme-**là** ? **Cette** robe-**là** me plaît.	*Vor allem in der gesprochenen Sprache kann an das von **ce / cet / cette / ces** begleitete Nomen ein -**là** angehängt werden, um mit Nachdruck auf das Gezeigte hinzuweisen.*
Tu préfères **cette** photo-**ci** ou **cette** photo-**là** ?	*Das Nomen mit dem Anhängsel -**ci** weist auf das Erstgenannte oder näher Liegende, das mit dem Anhängsel -**là** auf das Zuletztgenannte oder ferner Liegende hin.*
ce matin **cet** après-midi **ce** soir **cette** nuit	*Im Zusammenhang mit Tageszeiten wird der Demonstrativbegleiter mit „heute ..." übersetzt.*

ces chemises **ses** chemises	*Der Demonstrativbegleiter **ces** (= diese) darf nicht mit dem Possessivbegleiter **ses** (= seine / ihre) verwechselt werden (siehe Seite 17).*

 Zum Gebrauch der Demonstrativpronomen siehe Seite 33.

Possessivbegleiter: mon, ton, son...

Il cherche **ses** clés.	*Er sucht seine Schlüssel.*
Elle cherche **ses** clés.	*Sie sucht ihre Schlüssel.*
Ils cherchent **leur** voiture.	*Sie suchen ihr Auto.*
Elle cherche **sa** montre.	*Sie sucht ihre Uhr.*

1. Es gibt nur einen Besitzer:

	Nomen im Singular		Nomen im Plural
	Nomen ist maskulin	*Nomen ist feminin*	*Nomen ist maskulin oder feminin*
Je cherche	**mon** père	**ma** mère	**mes** parents
	mon ami	**mon a**mie	**mes** amis / **mes** amies
Tu cherches	**ton** père	**ta** mère	**tes** parents
	ton ami	**ton a**mie	**tes** amis / **tes** amies
Il cherche	**son** père	**sa** mère	**ses** parents
	son ami	**son a**mie	**ses** amis / **ses** amies
Elle cherche	**son** père	**sa** mère	**ses** parents
	son ami	**son a**mie	**ses** amis / **ses** amies

2. Es gibt mehrere Besitzer:

	Nomen im Singular (maskulin oder feminin)	Nomen im Plural (maskulin oder feminin)
Nous cherchons	**notre** père / **notre** mère	**nos** parents
	notre ami / **notre** amie	**nos** amis / **nos** amies
Vous cherchez	**votre** père / **votre** mère	**vos** parents
	votre ami / **votre** amie	**vos** amis / **vos** amies
Ils cherchent	**leur** père / **leur** mère	**leurs** parents
	leur ami / **leur** amie	**leurs** amis / **leurs** amies

J'ai vu **mon** frère.	*Ein Possessivbegleiter, der sich auf*
Ils ne trouvent pas **leur** voiture.	*ein Nomen im Singular bezieht, hat*
Il me montre **sa** nouvelle bicyclette.	*als Endung nie -s.*
Elle attend **son** amie.	
Je ne trouve plus **mes** photos.	*Ein Possessivbegleiter, der sich auf*
Il joue avec **ses** enfants.	*ein Nomen im Plural bezieht, trägt*
Ils lisent **leurs** livres.	*immer die Endung -s.*
Nous sortons avec **nos** copines.	

Elle parle avec **son** copain.
Je sors avec **ma** copine.

*Im Singular muss unterschieden werden, ob der „Besitzer" maskulin (dann **mon, ton, son**) oder feminin (dann **ma, ta, sa**) ist.*

Il embrasse **son** amie.
Elle a vu **son** ancienne voisine.

*Bei femininen Nomen oder Adjektiven, die mit Vokal oder „stummem h" beginnen, steht ebenfalls **mon, ton, son**. Aber: **sa hauteur** (**h** germanischen Ursprungs siehe Seite 13).*

Il attend **sa** copine.
Elle attend **ses** copines.
Ils attendent **leur** copain.
Ils attendent **leurs** copains.

*Bei der 3. Person muss man immer unterscheiden, ob es nur einen Besitzer (dann **son, sa, ses**) oder mehrere Besitzer (dann **leur, leurs**) gibt.*

Il va voir **sa** mère.
Elle va voir **sa** mère.

Eine Unterscheidung zwischen „seine Mutter" und „ihre Mutter" gibt es im Französischen nicht.

Voilà **votre** thé, madame.
Votre attention, s'il vous plaît.
Je ne trouve pas **vos** lettres, monsieur.

votre und vos dienen auch als Höflichkeitsform für Personen, die man siezt.

Est-ce que tu téléphones à tes parents ? – Oui, je leur téléphone tout de suite.

leur und leurs als Possessivbegleiter dürfen nicht verwechselt werden mit leur als Pronomen, das für ein indirektes à-Objekt steht (vgl. Seite 26).

 Zum Gebrauch der Possessivpronomen siehe Seite 34.

Indefinite Begleiter: tout, chaque, plusieurs ...

Tu as déjà terminé **tout le** travail ?
Oui ! Et j'ai fait **toute la** vaisselle et
  j'ai rangé **tous mes** livres.

Hast du die ganze Arbeit fertig?
Ja! Und ich habe das ganze Geschirr
  gespült und alle meine Bücher
  aufgeräumt.

Chaque livre doit être à sa place.

Jedes einzelne Buch muss am
  richtigen Platz sein.

Mais je n'ai pas trouvé de place pour
  plusieurs livres.
Certains livres sont trop vieux
  pour être posés dans la bibliothèque.

Aber ich habe für mehrere Bücher
  keinen Platz gefunden.
Einige Bücher sind zu alt, um sie in
  die Bibliothek zu stellen.

tout, toute, tous, toutes

	Nomen im Singular	Nomen im Plural
maskulin	**tout l'**appartement	**tous les** appartements
feminin	**toute la** maison	**toutes les** maisons

tous les livres
tous mes livres
tous ces livres

*tout... richtet sich in Geschlecht und
Zahl nach dem nachfolgenden Nomen.
Zwischen tout... und Nomen steht
immer ein weiterer Begleiter: entweder
der bestimmte Artikel, der Possessivbegleiter oder der Demonstrativbegleiter.*

toute une nuit
toute une histoire

*Vor Zeitangaben und in der Umgangs-
sprache steht nach tout... auch der
unbestimmte Artikel.*

*Im Deutschen wird der Singular **tout** und **toute** + Begleiter mit „der/die/das
ganze ..."‚ der Plural **tous** und **toutes** + Begleiter mit „alle ..." übersetzt.*

 *Zum Gebrauch der indefiniten Pronomen **tous** und **toutes** siehe Seite 35.*

chaque

chaque livre
chaque maison

chaque ist in Geschlecht und Zahl unveränderlich und steht nur vor Nomen im Singular. Es steht statt eines Artikels.

 *Zum Gebrauch der indefiniten Pronomen **chacun, chacune** siehe Seite 35.*

tous und chaque:

Tous les hommes sont égaux
mais **chaque** homme est différent.

*Während **tous / toutes les** immer „alle" ohne Unterschied bezeichnet, wird mit **chaque** jeder Einzelne betont.*

plusieurs

Je t'ai téléphoné **plusieurs** fois.
Plusieurs gens se sont réunis dans la rue.

plusieurs ist in Geschlecht und Zahl unveränderlich und steht statt eines Artikels vor Nomen im Plural.

 *Zum Gebrauch des indefiniten Pronomens **plusieurs** siehe Seite 36.*

certain, certaine, certains, certaines

	Nomen im Singular	Nomen im Plural
maskulin	**un certain** M. Dutour	**certains** adultes
feminin	**une certaine** Mme Dutour	**certaines** personnes

Une certaine Mme Dutour attend à la porte.
Dans **certains pays** les enfants travaillent toute la journée.

*certain... ist veränderlich. Nur im Singular steht vor **certain/e** der unbestimmte Artikel.*

un certain / une certaine wird mit „ein gewisser / eine gewisse",
certains / certaines mit „gewisse / einige" übersetzt.

 *Zum Gebrauch des indefiniten Pronomens **certains** siehe Seite 36.*

Interrogativbegleiter: quel, quelle ...

Quelles villes est-ce que vous visitez ?	*Welche Städte besuchen Sie?*
Quels sont vos fromages préférés ?	*Welche sind Ihre Lieblingskäsesorten?*
Quel match de foot !	*Was für ein Fußballspiel!*
Quelle heure est-il ?	*Wie viel Uhr ist es?*

	Nomen im Singular	Nomen im Plural
maskulin	**quel** avion	**quels** avions
feminin	**quelle** ville	**quelles** villes

Quel chauffeur conduit le car ? **Quels** pays est-ce que vous connaissez ?	*quel... steht direkt vor dem Nomen und richtet sich in Geschlecht und Zahl nach ihm.*
Quelle est votre ville préférée ? **Quels sont** les livres de Pascale ?	*quel... kann auch mit être verbunden werden. Es richtet sich dann in Geschlecht und Zahl nach dem folgenden Nomen.*
Quelle question ! **Quelles** idées ! **Quel** jour !	*quel... wird auch zum Ausdruck des Erstaunens oder der Überraschung verwendet. Im Deutschen wird es hier mit „was für ein / eine" übersetzt.*
Tu as **quel** âge ? Vous avez **quelle** heure ? On est **quel** jour aujourd'hui ? Vous visitez **quelles** villes ?	*Besonders in der Umgangssprache steht quel... nicht zu Beginn des Satzes, sondern erst nach dem Verb.*

Besondere Wendungen mit quel...

Quel âge avez-vous ?	*Wie alt sind Sie?*
Quelle heure est-il ?	*Wie spät ist es?*
Quel jour sommes-nous aujourd'hui ?	*Was für einen Tag haben wir heute?*
Quelle est votre adresse ?	*Wie lautet Ihre Adresse?*

 *Zum Gebrauch der Interrogativpronomen **lequel...** siehe Seite 132.*

21

Entscheiden

*Entscheiden Sie, ob **le, la, les, un, une, des, du, de l', de la, de** oder nichts einzusetzen ist.*

1. ◆ Bonjour, madame, je voudrais __du__ lait.

   ● Combien __de__ lait voulez-vous ?

   ◆ Je voudrais trois bouteilles __de__ lait.

2. ◆ Et il me faut __du__ fromage. Je prends trois tranches __de__ gruyère et __un__ peu __de__ fromage râpé.

   ● Je n'ai pas __de__ fromage râpé aujourd'hui.

   ◆ Ça ne fait rien, je prends __du__ camembert.

3. ◆ Qu'est-ce que vous avez comme _____ fruits aujourd'hui ?

   ● J'ai __des__ pommes, __des__ oranges, __des__ kiwis et __des__ ananas.

   ◆ Ah, j'aime __les__ kiwis. Mais je n'aime pas __les__ ananas. Elles coûtent combien __les__ oranges ?

   ● 12 F 50.

   ◆ Alors, donnez-moi __un__ kilo __de__ pommes et six _____ kiwis.

4. ◆ Vous avez __des__ fraises ?

   ● Non, je n'ai pas __de__ fraises. __La__ plupart __des__ gens n'achètent pas chez moi. Ils préfèrent __le__ supermarché. Là, __la__ plus grande partie __des__ fruits est moins chère.

5. ◆ Vous avez __de l'__ eau minérale ?

   ● Oui, en bouteille __de__ un litre et demi.

   ◆ Alors, donnez-m'en _____ trois.

22

6. ◆ Ça sera tout, madame. Vous me faites ___*l'*___ addition !

   ● Ça vous fera 85 F 50.

   ◆ Voilà ___*un*___ billet ___*de*___ 100 francs.

   ● Et voilà ___*la*___ monnaie.

   ◆ Au revoir.

   ● Au revoir et à ___*la*___ prochaine.

Einsetzen

Son, sa, ses, leur *oder* ***leurs****? Setzen Sie den richtigen Possessivbegleiter ein.*

1. Yves est le frère d'Olivier.

   Il est ___*son*___ frère.

2. Olivier est le frère de Barbara.

   Il est ___*son*___ frère.

3. Michèle est la mère d'Olivier.

   Elle est ___*sa*___ mère.

4. Pascal est le père de Barbara.

   Il est ___*son*___ père.

5. Yves, Olivier et Barbara sont les enfants de Michèle.

   Ils sont ___*ses*___ enfants.

6. Olivier est le fils de Michel et Pascal.

   Il est *leur* fils.

7. Barbara est la fille de Michèle et Pascal.

   Elle est *leur* fille.

8. Yves, Olivier et Barbara sont les enfants de Michèle et Pascal.

   Ils sont *leurs* enfants.

Lösungen siehe Seite 135.

Pronomen

Unter Pronomen versteht man Wörter, die anstelle einer Person stehen. Von den Pronomen zu unterscheiden sind die Begleiter des Nomens (siehe S. 13).

*Im Französischen gibt es verbundene (**je, tu...**, **le, la...**, **lui, leur...**) und unverbundene Personalpronomen (**moi, toi...**).*

Verbundene Personalpronomen

Verbundene Personalpronomen werden nur in Verbindung mit einem Verb gebraucht.

Est-ce que **tu** vois l'oiseau ?	*Siehst du den Vogel?*
Non, je ne **le** vois pas.	*Nein, ich sehe ihn nicht.*
Est-ce que **tu** vas téléphoner à ta sœur ?	*Wirst du deine Schwester anrufen?*
Non, **je** ne vais pas **lui** téléphoner.	*Nein, ich werde sie nicht anrufen.*

Subjektpronomen	direkte Objektpronomen	indirekte Objektpronomen
il, elle...	**le, la...**	**lui, leur...**
Je n'aime plus Yves. **Je** vais lui parler.	Pourquoi est-ce que tu ne **m'**aimes plus ?	Pourquoi est-ce que tu veux **me** parler ?
Tu exagères.	Je **t'**invite au restaurant.	Je **te** raconterai toute l'histoire.
Voilà Yves. **Il** a faim. Voilà Yvette. **Elle** a faim aussi.	Il **la** trouve sympa. Elle **le** trouve sympa aussi.	Il **lui** dit bonjour. Elle **lui** fait une bise.
Nous irons au Cygne ?	D'accord ! J'aimerais que les voisins **nous** accompagnent.	Ils pourront **nous** montrer les photos du voyage.
Vous irez au Cygne ?	On va **vous** accompagner.	On va **vous** montrer les photos.
Voilà les voisins. **Ils** ont faim aussi.	Ils **les** accompagnent.	Ils **leur** montrent les photos.

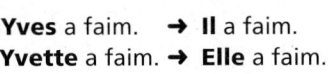

Subjektpronomen

Diese Personalpronomen vertreten jeweils ein Nomen, das im Satz als Subjekt steht.

> **Yves** a faim. → **Il** a faim.
> **Yvette** a faim. → **Elle** a faim.

je / j'	*je wird vor Vokal oder „stummem h" zu* **j'** Je dors. J'aide mon frère.
tu	
il	*steht für ein maskulines Nomen*
elle	*steht für ein feminines Nomen*
on	*steht für ein deutsches „man" oder, v. a. in der Umgangssprache,* *für* **nous** *(„wir")*
nous	
vous	*steht für ein deutsches „ihr" (Plural von „du") oder als Höflichkeitsform* *für ein „Sie"*
ils	*steht für ein maskulines Nomen im Plural (**les cafés**), für mehrere* *Nomen maskulinen (**Yves et Michel**) oder gemischten Geschlechts* *(**Yves et Yvette**)*
elles	*steht für ein feminines Nomen im Plural (**les voitures**) oder für* *mehrere Nomen femininen Geschlechts (**Yvette et Paulette**)*

Direkte Objektpronomen

Die direkten Objektpronomen stehen jeweils für ein direktes Objekt. Direkte Objekte erkennt man daran, dass vor dem jeweiligen Nomen keine Präposition steht. Im Deutschen fragt man nach direkten Objektpronomen meistens mit „wen?".

> Elle n'aime plus **Yves**. → Elle ne **l'**aime plus.
> Ils voient **Yves et Yvette**. → Ils **les** voient.

me / m'	Il **me** regarde. Il **m'**invite au restaurant.
te / t'	Il **te** regarde. Il **t'**invite au restaurant.
le / l'	*le vertritt ein maskulines Nomen.* Elle **le** regarde. Elle **l'**invite.
la / l'	*la vertritt ein feminines Nomen.* Il **la** regarde. Il **l'**invite.

nous	Ils **nous** regardent ? Ils **nous** accompagnent ?
vous	Oui, on **vous** regarde. On **vous** accompagne.
les	*les* vertritt ein Nomen im Plural. Ils **les** trouvent sympa.

Vor Vokal und „stummem h" wird *me, te, le* und *la* zu *m', t', l'* und *l'*.

Indirekte Objektpronomen

Die indirekten Objektpronomen stehen jeweils für ein indirektes Objekt. Indirekte Objekte erkennt man daran, dass vor dem jeweiligen Nomen die Präposition **à** *steht. Im Deutschen fragt man nach indirekten Objekten meistens mit „wem?".*

> Elle n'écrit plus **à Yves**. → Elle ne **lui** écrit plus.
> Il dit bonjour **à Yvette**. → Il **lui** dit bonjour.

me / m'	Tu **me** racontes l'histoire ? Tu **m'**offres un café ?
te / t'	Oui, je **te** raconte l'histoire. Et je **t'**offre un café.
lui	*lui* vertritt ein maskulines oder ein feminines Nomen im Singular. Il **lui** raconte toute l'histoire. Elle **lui** fait une bise.
nous	Est-ce que les voisins vont **nous** montrer les photos ?
vous	Oui, on va **vous** montrer les photos.
leur	*leur* vertritt ein maskulines oder feminines Nomen im Plural. Ils **leur** montrent les photos. Ils **leur** offrent l'apéritif.

Vor „stummem h" wird *me* zu *m'*, *te* zu *t'*.

Das indirekte Objektpronomen **lui** *vertritt sowohl maskuline als auch feminine Nomen. Es darf nicht verwechselt werden mit dem* <u>unverbundenen</u> *Personalpronomen* **lui***, das nur für maskuline Nomen steht (siehe Seite 26).*

Verwechseln Sie nicht das indirekte Objektpronomen **leur** *mit den Possessivbegleitern* **leur** *und* **leurs** *(vgl. Seite 17).*

 Zur Stellung der Objektpronomen siehe Seite 30.

Reflexivpronomen

Die meisten französischen reflexiven Verben sind auch im Deutschen reflexiv. Es sind Verben, die im Infinitiv durch das Pronomen „sich" ergänzt werden. Die Reflexivpronomen entsprechen in der 1. und 2. Person den Objektpronomen. Nur in der 3. Person haben sie eine andere Form.

me / m'	Je **me** marierai avec Yvette. Je **m'**excuse de ma conduite.
te / t'	Tu ne **te** défends pas contre l'accusation ?
se / s'	Il **se** défend. Il **s'**adresse à Yvette.
nous	Nous **nous** marierons dans un mois.
vous	Vous **vous** connaissez depuis longtemps ?
se / s'	Ils **se** connaissent depuis un an seulement.

 Zu den reflexiven Verben siehe Seite 85.

Adverbialpronomen: y und en

Vous prenez **du lait** avec votre café ?	*Nehmen Sie Milch in Ihren Kaffee?*
Non, je n'**en** prends pas.	*Nein, ich nehme keine.*
Vous vous intéressez **au sport** ?	*Interessieren Sie sich für Sport?*
Oui, je m'**y** intéresse beaucoup.	*Ja, ich interessiere mich sehr dafür.*

y

Est-ce que tu veux répondre **à la lettre de tes parents** ?
Oui, j'**y** réponds tout de suite.

y steht für indirekte Objekte, die mit à an das Verb angeschlossen sind und Sachen bezeichnen.

Est-ce que tu vas **à Paris** ?
Non, je n'**y** vais pas.
Tu entres **dans la maison** ?
Non, je n'**y** entre pas.

y steht für Ortsangaben, die mit à, en, dans, chez, sur, sous etc. eingeleitet werden.

en

Est-ce qu'il parle **de son travail** ?
Non, il n'**en** parle jamais.

en steht für indirekte Objekte, die mit de an das Verb angeschlossen sind und Sachen bezeichnen.

Est-ce que tu viens **de Paris** ?
Oui, j'**en** viens.

en steht für Ortsangaben, die mit de eingeleitet werden.

Je voudrais **des pommes**.
Combien **en** voulez-vous ?
J'**en** voudrais **un kilo**.
Et **du lait**.
Combien **de bouteilles** ?
Donnez-m'**en deux**.

en steht für Ergänzungen, die mit dem unbestimmten Artikel eingeleitet werden. Dabei wird meist eine Mengenangabe (un kilo) oder ein Zahlwort (deux) hinzugefügt.

*Personen werden in der Regel nicht durch **y** oder **en** ersetzt. Stattdessen steht:*

Est-ce que tu réponds **à ta mère** ?
Non, je ne **lui** réponds jamais.

*– ein indirektes Objektpronomen bei Objekten mit **à** (vgl. Seite 26).*

Est-ce que tu penses souvent **à ton amie** ?
Oui, je pense souvent **à elle**.

*– **à** + unverbundenes Personalpronomen (vgl. Seite 29) bei einigen wenigen Verben wie z. B. **penser, renoncer, songer***

Est-ce que tu veux parler **de ta femme** ?
Non, je ne veux pas parler **d'elle**.

*– **de** + unverbundenes Personalpronomen (vgl. Seite 29).*

Feststehende Wendungen mit y und en

Ça **y** est.	*Es ist so weit. / Da haben wir die Bescherung.*
Je n'**y** tiens plus.	*Ich halte es nicht mehr aus.*
Vous **y** êtes ?	*Sind Sie fertig?*
Je n'**y** peux rien. / Je n'**y** suis pour rien.	*Ich kann nichts dafür.*
Vas-**y**.	*Los. / Gehe hin.*
Il **y** a deux heures, …	*Vor zwei Stunden …*
Il **y** a des gens qui…	*Es gibt Leute, die …*
Il **y** a des pommes ?	*Sind Äpfel da?*
Non, il n'**y en** a plus.	*Nein, es sind keine mehr da.*
J'**en** ai pour une seconde.	*Ich bin gleich wieder da.*
Où **en** sommes-nous restés ?	*Wo sind wir stehen geblieben?*
J'**en** ai eu pour mille francs.	*Es hat mich 1000 Francs gekostet.*
J'**en** ai assez.	*Es reicht mir. / Ich habe genug davon.*
Ne vous **en** faites pas.	*Machen Sie sich keine Sorgen.*
Je n'**en** peux plus.	*Ich kann nicht mehr.*

Je **le lui** ai dit.	*Ich habe es ihm / ihr gesagt.*
Il n'**y en** a plus.	*Es sind keine mehr da.*
Donnez-**la-lui**.	*Geben Sie sie ihm / ihr.*
Donne-**m'en** un.	*Gib mir eins (davon).*

Im Aussage- oder Fragesatz (ohne nachfolgenden Infinitiv):

Tu connais Yves ?
Non, je ne **le** connais pas.
La semaine dernière, je **lui** ai prêté
  ma BMW mais il ne **me** l'a pas rendue.
Tu veux dire que tu **la lui** as prêtée sans
  sécurité ?

*Die Objekt- und Adverbialpronomen stehen vor dem konjugierten Verb. Im verneinten Satz steht dabei der eine Verneinungsteil (**ne**) vor dem Pronomen, der andere Verneinungsteil (z. B. **pas**) nach dem konjugierten Verb.*

Gibt es in einem Aussage- oder Fragesatz zwei Pronomen, so gilt eine besondere Reihenfolge:

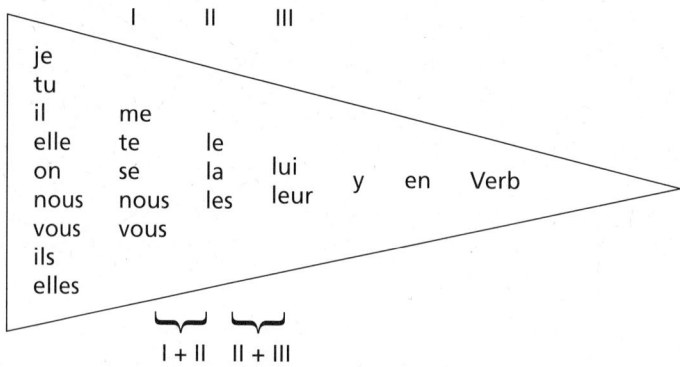

*Es können nur dann zwei Objektpronomen kombiniert werden, wenn eines davon **le, la, les** ist. Mögliche Kombinationen sind also: I + II und II + III. Die Adverbialpronomen **y** und **en** können beliebig kombiniert werden, **y** steht immer vor **en**.*

Im Aussage- oder Fragesatz mit nachfolgendem Infinitiv:

Tu vas montrer **les photos à Yvette** ?
Oui, je vais **les lui** montrer.
Est-ce qu'il faut **lui** offrir **du café** ?
Oui, mais on ne va **lui en** offrir
  qu'une tasse.

Beziehen sich Objekt- oder Adver-bialpronomen auf einen Infinitiv, so stehen sie direkt vor dem Infinitiv.

Les enfants ont crié très fort.
Tu **les** as entendus crier ?
La moto de Jean était en panne.
Mais il **l'**a fait réparer.

*Bei einigen Verben bezieht sich das Pronomen nicht auf den Infinitiv, sondern auf das vorangehende Hauptverb. Hierzu gehören: **voir, regarder, entendre, écouter, sentir, laisser, faire, envoyer**.*

Im Imperativsatz:

Tu prends du beurre ?
Oui, passe-**le-moi**.
Tu veux du vin ?
Oui, donne-**m'en** un verre.

*Beim bejahten Imperativ werden die Pronomen an das Verb mit Bindestrich angeschlossen. Dabei steht das direkte Objektpronomen (**le, la...**) vor dem indirekten (**lui, leur...**). **y** und **en** stehen immer zuletzt.*
*Achtung! Anstelle von **me** und **te** stehen **moi** und **toi**, außer vor **en** (→ **m'en, t'en**).*

J'aimerais que tu restes ! Ne **t'en** va pas.
Ne **me** regarde pas comme ça.

Beim verneinten Imperativ gelten die gleichen Regeln wie beim Aus-sagesatz.

Unverbundene Personalpronomen: moi, toi...

Yvette va au restaurant.
Et Yves ? – **Lui** aussi.
Et les voisins ? – **Eux** aussi.

Yvette geht ins Restaurant.
Und Yves? – Er auch.
Und die Nachbarn? – Sie auch.

	1. Person	*2. Person*	*3. Person*	
			maskulin	*feminin*
Singular	**moi**	**toi**	**lui**	**elle**
Plural	**nous**	**vous**	**eux**	**elles**

Die unverbundenen Personalpronomen stehen:

Qui est-ce qui veut aller chez les Dutour ?
Michel : Pas **moi**.
Isabelle : **Moi** non plus.

– in Sätzen ohne Verb. Dies gilt
auch für Verbindungen mit
***et, ou, ni... ni** etc.*

Thierry : Je ne veux pas aller **chez eux**.
Florence : Michel, tu viens **avec moi** ?

– nach Präpositionen

Voilà une photo des Dutour.
C'est elle qui crie sans arrêt.
Et **ce sont eux** que mon grand-père n'a
jamais aimés.

*– nach **c'est** und **ce sont***

Et c'est lui qui est beaucoup plus
intelligent **qu'elle**.

*– nach **que** in Vergleichssätzen*

Toi, tu vas descendre la poubelle et **toi,
tu** vas faire la vaisselle.

– zur Hervorhebung von Personen, v. a.
in der Umgangssprache

Demonstrativpronomen: celui, celle...

Tu prends ce pantalon ?
Non, **celui-là**.
Qu'est-ce que tu penses de cette chemise?
Je préfère **celle-là**.

Nimmst du diese Hose?
Nein, diese da.
Was hältst du von diesem Hemd?
Mir gefällt eher dieses da.

	maskulin	feminin
Singular	**celui**	**celle**
Plural	**ceux**	**celles**

Celui, celle, ceux *und* **celles** *werden nie allein stehend gebraucht:*

Quelle voiture est-ce que je prends pour aller en ville ?
Prends **celle de** Michel.

Entweder folgt ihnen eine präpositionale Ergänzung (meist mit **de** *oder* **pour**)

Je voudrais un chou-fleur.
Prenez **celui que** vous préférez.

oder ein Relativsatz (mit **qui** *oder* **que**).

Qu'est-ce que je mets comme verres ?
Ceux-ci ou **ceux-là** ?
Plutôt **ceux-là**.
Et comme serviettes ?
Prends **celles-ci**.

Bei einer Auswahl zwischen zwei Dingen weist **celui-ci** *auf das erstgenannte oder näher liegende,* **celui-là** *auf das letztgenannte oder ferner liegende hin.*

cela, ça und ce

Ça va ? – Oui, **ça** va mieux.
« Computer », **ça** ne se dit pas en français.

ça *(in der Schriftsprache* **cela***) steht meist dann, wenn ein* **il** *zu einer Verwechslung mit einer Person führen könnte.*

La Polynésie française, **c'est** magnifique.
Voilà mes livres.
Non, **ce sont** mes livres.

ce *bzw.* **c'** *steht vor* **être**.

C'est votre bureau ?	Ist das Ihr Schreibtisch?
Oui, c'est **le mien**.	Ja, das ist meiner.
Et ces feuilles ? Elles sont à vous ?	Und diese Blätter. Gehören die Ihnen?
Oui, ce sont **les miennes**.	Ja, das sind meine.

	maskulin	*feminin*	*maskulin*	*feminin*
	A qui est **ce bureau** ?	Et **cette** chaise ?	Et **ces** crayons ?	Et **ces** feuilles ?
Singular	C'est	C'est	Ce sont	Ce sont
1. Person	**le mien**	**la mienne**	**les miens**	**les miennes**
2. Person	**le tien**	**la tienne**	**les tiens**	**les tiennes**
3. Person	**le sien**.	**la sienne**.	**les siens**.	**les siennes**.
Plural	C'est	C'est	Ce sont	Ce sont
1. Person	**le nôtre**	**la nôtre**	**les nôtres**	**les nôtres**
2. Person	**le vôtre**	**la vôtre**	**les vôtres**	**les vôtres**
3. Person	**le leur**.	**la leur**.	**les leurs**.	**les leurs**.

Die Possessivpronomen richten sich – wie die Possessivbegleiter (siehe Seite 17) – in Geschlecht und Zahl nach dem dazugehörigen Nomen.

Bei Angabe von zwei „Besitzern" tritt der eine als Possessiv<u>begleiter</u> vor das Nomen, der andere als Possessiv<u>pronomen</u> dahinter:

mes amis et **les tiens**...   *meine und deine Freunde ...*

Vor dem jeweiligen Possessivpronomen steht immer der bestimmte Artikel.

Indefinite Pronomen: tout, chacun, plusieurs ...

La semaine dernière, j'ai fêté mon anniversaire avec mes amis.
Tous étaient là.
Chacun a apporté un petit cadeau.

Plusieurs sont venus avec leurs copines.

Et **certains** sont restés jusqu'au lendemain.
Tu as vu les photos ?
Oui, je **les** ai vues **toutes**.

Letzte Woche feierte ich mit meinen Freunden Geburtstag.
Alle waren da.
Jeder Einzelne brachte ein kleines Geschenk mit.
Mehrere sind mit ihren Freundinnen gekommen.
Und einige blieben bis zum nächsten Morgen.
Hast du die Fotos gesehen?
Ja, ich habe sie alle gesehen.

tous, toutes – chacun, chacune

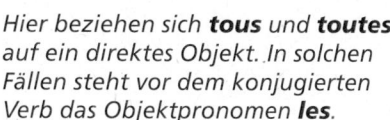

La semaine dernière, mes amis sont venus.
Il y avait beaucoup d'invités ?
Oui, **tous** sont venus.
Et les filles ?
Elles étaient **toutes** là.

tous und toutes richten sich im Geschlecht nach dem dazugehörigen Nomen und bezeichnen <u>alle</u> Personen oder Sachen einer Gruppe. In diesen Beispielen beziehen sich tous bzw. toutes auf das Subjekt.

Je t'ai déjà montré les films ?
Oui, tu me **les** as montrés **tous**.
Et les photos ? Tu les connais déjà ?
Oui, je **les** connais **toutes**.

Hier beziehen sich tous und toutes auf ein direktes Objekt. In solchen Fällen steht vor dem konjugierten Verb das Objektpronomen les.

Tous les films sont rangés dans le placard.
Chacun a sa place bien précise.
Et les photos, je vais les coller dans un album.
Chacune doit être commentée par un petit texte.

chacun und chacune richten sich im Geschlecht nach dem dazugehörigen Nomen und bezeichnen <u>jede einzelne</u> Person oder Sache einer Gruppe.

Chez moi, **tout** doit être parfait.

tout ist unveränderlich. Es entspricht dem deutschen Wort „alles".

Tout ce qui est à la mode me plaît.
Tout ce qu'on veut acheter se trouve
dans ce centre commercial.
Tous ceux qui sont venus reviendront
l'année prochaine.
Et **tous ceux que** j'ai rencontrés étaient
bien contents.

*Nach den Pronomen **tout, tous** und
toutes kann nicht wie im Deutschen
direkt ein Relativsatz angeschlossen
werden (→ „Alles, was ...“). Vor dem
Relativsatz steht bei tout immer ein
ce, bei **tous** oder **toutes** ein **ceux**
bzw. **celles**.*

Chacun bzw. **chacune** *hat keine Pluralform.*

 Zu den Relativpronomen siehe Seite 37.

plusieurs – certains

Ce matin, j'ai acheté des bananes.
Plusieurs sont déjà abîmées.
En ce moment, les économistes discutent
beaucoup de la situation actuelle.
Certains ne pensent pas que
l'économie reprendra.

*Neben den Begleitern **plusieurs** und
certain... existieren auch die Pronomen **plusieurs** (in Bezug auf Sachen
und Personen) und, v. a. in der Schriftsprache, **certains** (nur in Bezug auf
Personen).*

La ville **qui** me plaît le plus, c'est Paris.	*Die Stadt, die mir am meisten gefällt, ist Paris.*
La ville **que** je préfère, c'est Paris.	*Die Stadt, die ich bevorzuge, ist Paris.*
La ville **dont** je t'ai parlé, c'est Paris.	*Die Stadt, von der ich dir erzählt habe, ist Paris.*
La ville **à laquelle** je pense, c'est Paris.	*Die Stadt, an die ich denke, ist Paris.*
La ville **où** j'habite me plaît beaucoup.	*Die Stadt, wo / in der ich wohne, gefällt mir sehr.*
Je ne sais pas **ce qui** lui plaît.	*Ich weiß nicht, was ihm gefällt.*
Je ne sais pas **ce qu'**il fait.	*Ich weiß nicht, was er macht.*

qui

La ville, c'est Paris.
Cette ville me plaît le plus.
→ La ville **qui** me plaît le plus, c'est Paris.

Jean a parlé d'une fille.
Cette fille est suisse.
→ Jean a parlé d'une fille **qui** est suisse.

La fille s'appelle Monique.
Je pense **à cette fille**.
→ La fille **à qui** je pense s'appelle Monique.

*qui ist immer das Subjekt des Relativsatzes und kann sich auf Sachen wie auf Personen beziehen. Im Relativsatz folgt auf **qui** daher nie ein Subjekt, sondern ein Objektpronomen oder ein Verb. **qui** steht unterschiedslos für „der, die, das, die".*

*„Präposition + **qui**" steht für Personen, denen eine Präposition vorausgeht. Bei Sachen muss in diesen Fällen „Präposition + **lequel...**" stehen (siehe Seite 38).*

que

La ville, c'est Paris.
Je préfère **Paris**.
→ La ville **que** je préfère, c'est Paris.

*que steht immer für das direkte Objekt eines Satzes und kann sich auf Sachen wie auf Personen beziehen. Nach einem **que** folgt immer ein Subjekt.*

dont

La ville, c'est Paris.
Je t'ai parlé **de Paris**.
→ La ville **dont** je t'ai parlé, c'est Paris.

*dont steht für eine Ergänzung mit **de** und kann sich ebenfalls auf Sachen und Personen beziehen.*

Le monsieur s'appelle Dutour.
J'ai vu la fille **de ce monsieur**.
→ Le monsieur **dont** j'ai vu la fille
  s'appelle Dutour.

*Im Unterschied zum Deutschen steht
nach **dont** immer die normale Satzstellung.*

lequel, laquelle, lesquels, lesquelles

La ville, c'est Paris.
Je pense **à la ville**.
→ La ville **à laquelle** je pense, c'est
  Paris.

Nous avons vu des touristes.
Parmi les touristes se trouvaient
 deux Japonais.
→ Nous avons vu des touristes **parmi
  lesquels** se trouvaient deux Japonais.

*„Präposition + **lequel...**" steht für
Ergänzungen mit einer Präposition
(**à, de, pour, avec, dans**). Bei <u>Sachen</u>
ist diese Konstruktion vorgeschrieben.
Bei <u>Personen</u> steht sie nur in der
Schriftsprache, ansonsten wird „Präposition + **qui**" verwendet (außer
nach **parmi** und **entre**, hier verwendet
man immer nur **lequel...**). Anstelle
von de + **lequel...** kann in den meisten Fällen auch **dont** stehen.*

où

Ce pays me plaît beaucoup.
Je suis allé **dans ce pays**.
→ Le pays **où** je suis allé me plaît
  beaucoup.

Je me rappelle bien du soir.
Ce soir-là nous sommes allés au cinéma.
→ Je me rappelle bien du soir **où** nous
  sommes allés au cinéma.

*Das Pronomen **où** hat die Funktion
einer Ortsbestimmung. Es kann auch
als zeitliches Pronomen stehen, wenn
ihm Ausdrücke wie **le jour, le soir,
le mois** etc. vorausgehen.
Nach **à l'époque** und **au moment**
steht ebenfalls **où**.*

ce qui, ce que

Je ne sais pas **ce qui** lui plaît.
Je ne sais pas **ce qu'**elle a dit.

ce qui *(als Subjekt) und **ce que** (als
direktes Objekt) entsprechen dem
deutschen neutralen „was".*

 *Zu **tout** / **tous** in Verbindung mit Relativsätzen siehe Seite 36.*

Antworten und ersetzen

*Antworten Sie auf die Fragen. Ersetzen Sie dabei die hervorgehobenen Satzteile durch die passenden Personalpronomen und durch **y** oder **en**.*

1. Est-ce que tu as vu **ta sœur** ? Non, _je ne l'ai pas vue_ .

2. Et tu n'as pas vu **ton frère** non plus ? Si, _____ .

3. Vous allez **en ville** demain ? Oui, _____ .

4. Tu diras **bonjour à ton frère** ? Oui, _____ .

5. Tu vas téléphoner **à ta sœur** prochainement ? Oui, _____ .

6. Est-ce que tu penses souvent **à ta sœur** ? Non, _____ .

7. Elle travaille toujours **chez Peugeot** ? Non, _____ .

8. Et son mari, il s'intéresse toujours **aux voitures** ? Non, _____ .

9. Il ne travaille plus **au garage** ? Non, _____ .

10. La maison appartient toujours **à ta sœur et à ton beau frère** ? Oui, _____ .

11. Ils ont changé **de voiture** ? Non, _____ .

12. Ils n'ont pas besoin **de ta mère** ? Non, _____ .

13. Et ta sœur, elle n'a pas aidé **sa mère** ? Si, _____ .

14. En ville, tu vas passer **au supermarché** ? Oui, _____ .

15. Tu pourrais m'apporter **des oranges** ? Oui, _____ .

16. Combien **d'oranges** ? Deux kilos comme toujours ? Oui, j' _____ voudrais deux kilos.

Übersetzen

*Übersetzen Sie: Benutzen Sie dabei Formen von **tout** bzw. **chaque**.*

1. Gehören alle diese Kassetten dir? – Nein, sie gehören alle meiner Schwester.
   Toutes ces cassettes sont à toi ? – Non, _____

   _____

2. Hast du die Hosen gewaschen? – Ja, ich habe sie alle gewaschen.

   _____

   _____

3. Für das Fest muss ich jeden einzelnen Teller spülen. Sie müssen alle glänzen.

   _____

   _____

4. Sind alle Kinder nach Hause gegangen? – Nein, nicht alle.

   _____

   _____

5. Hast du alles gegessen? – Nein, nicht alles.

   _____

6. Er hat den ganzen Tag geschlafen.

   _____

7. Im Leben ist jeder Tag verschieden.

   _____

Einsetzen

Setzen Sie die passenden Relativpronomen ein.

1. Je ne connais personne ___qui___ sache parler le japonais.
2. La femme _____ je t'ai parlé la semaine dernière est morte par accident.
3. Connaissez-vous le metteur en scène _____ a fait le film « l'Amant » ?
4. C'est un livre _____ personne ne peut résister.
5. Je ne trouve plus les jumelles _____ s'est servi mon grand-père.

6. La ville _____ je rêve s'appelle Marseille.

7. La personne _____ je tiens beaucoup est ma mère.

8. La maison _____ la police a trouvé les faux billets appartenait à M. Dutour.

9. L'arc-en-ciel _____ je regarde depuis un petit moment est en train de disparaître.

10. La personne _____ je crois le plus est mon patron.

11. Le pays _____ j'aimerais vivre est la France.

12. Voilà la raison pour _____ elle est partie.

13. Les personnes parmi _____ se trouve M. Dutour jouent tous d'un instrument de musique.

14. La maison devant la porte _____ une BMW est garée est à vendre.

15. Ce sont des événements _____ les Allemands penseront encore dans 20 ans.

Lösungen siehe Seite 136.

Verben

Ein Verb bringt nicht nur zum Ausdruck, wann und wie lange etwas geschieht, es setzt dieses Geschehen auch in eine zeitliche Beziehung zu dem jeweiligen Sprecher oder Erzähler.

So kann ein bestimmtes Geschehen <u>vor</u>, <u>zur gleichen Zeit</u> oder <u>nach</u> dem Zeitpunkt stattfinden, zu dem ein Mensch spricht. Jeder der drei Stufen sind bestimmte Zeitformen zugeordnet. Mit der lateinischen Bezeichnung nennt man das übrigens Tempus.

Zeitpunkt des Sprechens
⇩
Geschehen

⇩	⇩	⇩
vorher	**gleichzeitig**	**nachher**
⇩	⇩	⇩
Passé composé	**Présent**	**Futur simple**
Imparfait		**Futur composé**

Ma femme **est** dans la cuisine.
Elle **prépare** le repas.

gleichzeitig zum Sprechen:
Présent *(siehe Seite 44)*

Pendant que je **travaillais** sur ordinateur,
quelqu'un **a frappé** à la porte.

vorzeitig zum Sprechen:
Imparfait, Passé composé
(siehe Seite 56 und 53)

Nos enfants sont partis.
Ils **vont revenir** tout de suite.
Demain, ils **iront** en ville.

nachzeitig zum Sprechen:
Futur composé *oder*
Futur simple *(siehe Seite 61)*

---

*In diesem Buch werden nur die gebräuchlichsten Zeiten behandelt. Formen, die v. a. in der Schriftsprache verwendet werden (z. B. **Passé simple**, **Passé antérieur** und **Imparfait du subjonctif**), bleiben ausgeklammert.*

Erzählt jemand eine Geschichte, so versetzt er sich in die Vergangenheit. Auch hierbei kann ein erzähltes Geschehen <u>vor, zur gleichen Zeit</u> oder <u>nach</u> dem Zeitpunkt stattfinden, in den sich der Erzähler hineinversetzt.

Ausgangspunkt der Erzählung
⇩
Geschehen

⇩	⇩	⇩
vorher	**gleichzeitig**	**nachher**
⇩	⇩	⇩
Plus-que-parfait	**Imparfait**	**Conditionnel**
	Passé composé	

Il **avait** faim. Il **savait** qu'il n'**avait** plus d'argent. Tout à coup, quelqu'un **a frappé** à la porte.

gleichzeitig zur Erzählung:
***Imparfait** oder **Passé composé**
(siehe Seite 56 und 53)*

Il **avait dépensé** tout son argent. Il n'**avait** pas **arrêté** d'acheter des livres et des CD.

vorzeitig zur Erzählung:
***Plus-que-parfait** (siehe Seite 67)*

Et il savait que la faim **serait** encore plus grande et qu'il ne **changerait** jamais.

nachzeitig zur Erzählung:
***Conditionnel** (siehe Seite 68)*

Andererseits kann eine Verbform auch die persönliche Haltung eines Sprechers zum Ausdruck bringen, d. h. wie er zu einem Geschehen steht. Dafür gibt es den lateinischen Ausdruck Modus.

Ma femme dit que nos amis **viendront**.

Tatsache („sie kommen"):
***Futur** (siehe Seite 61)*

Ma femme dit que nos amis **viennent**.

Wunsch („sie sollen kommen"):
***Subjonctif** (siehe Seite 71)*

Vous avez fait votre choix ?
Oui, je **prends** le menu à cent francs.
Vous avez fait votre choix ?
Oui, je **prendrais** le menu à cent francs.

Tatsache („ich nehme"):
***Présent** (siehe Seite 44)*
*höfliche Bitte („ich würde gerne nehmen"): **Conditionnel** (siehe Seite 68)*

Asseyez-vous, s'il vous plaît.

*Aufforderung: **Imperativ** (siehe Seite 77)*

	Qu'est-ce qu'il fait en ce moment ?		*Was macht er im Moment?*

Qu'est-ce qu'il fait en ce moment ?
Il **fait** la vaisselle.
Qu'est-ce qu'il fait le soir ?
Il **regarde** la télé.

Was macht er im Moment?
Er spült ab.
Was macht er abends?
Er sieht fern.

Bildung des Présent

*Im **Présent** haben die Verben je nach Gruppenzugehörigkeit unterschiedliche Endungen:*

	1. Gruppe: Verben auf	2. Gruppe: Verben auf -**ir** (Typ „**finir**")	3. Gruppe: unregelmäßige Verben! Verben auf …		
	-er	**-ir**	**-ir**	**-oir**	**-re**
je	-e	-is	-s / -e	-s / -x	-s / -s
tu	-es	-is	-s / -es	-s / -x	-s / -s
il/elle/on	-e	-it	-t / -e	-t / -d	-t / -d
nous	-ons	-issons	-ons	-ons	-ons
vous	-ez	-issez	-ez	-ez	-ez
ils/elles	-ent	-issent	-ent	-ent	-ent

*Die Endung des **Présent** bei **vous** ist die regelmäßigste Form. Bis auf drei Ausnahmen (**vous êtes**, **vous dites** und **vous faites**) enden alle Verben auf -**ez**.*

Für die unregelmäßigen Verben der dritten Gruppe bietet diese Tabelle nur eine grobe Orientierung. Die wichtigsten unregelmäßigen Verben finden Sie in der Liste auf Seite 48 bis 50.

Gebrauch des Présent

Elle **travaille** dans le jardin.
En ce moment, les enfants **jouent** dans leur chambre.

im Moment stattfindende Ereignisse

Je **joue** au tennis le samedi soir.
Une fois par semaine, on **va** au restaurant.

gewohnheitsmäßige Ereignisse

La lune **tourne** autour de la terre.
Trois et trois **font** six.

allgemeine Wahrheiten

44

La télé **marche** depuis ce matin.
Je ne **fume** plus depuis cinq ans.

in der Vergangenheit begonnene und noch andauernde Ereignisse

Il **sort** du supermarché.
Le train **part**.

*Ereignisse, die soeben stattfanden, anstelle der Konstruktion: **Il vient de sortir du supermarché.***

Nous **partons** en voyage demain.
On **mange** quelque chose à midi ?

*Bei beabsichtigten, zukünftigen Ereignissen kann das **Présent** stehen. In solchen Sätzen dürfen Zeitangaben wie z. B. **demain, à midi** nicht fehlen. Meistens handelt es sich dabei um eine nahe Zukunft.*

S'il **vient** demain, je serai content.
Si on ne **mange** pas trop, on se sent bien.

*Kann eine Bedingung möglicherweise erfüllt werden, steht im **si**-Satz das **Présent** (vgl. Seite 78).*

Übersicht der Verben im Présent

Ein Verb setzt sich immer aus Stamm und Endung zusammen. Jedes Verb hat mindestens einen Verbstamm.

→ **vous aimez**: Stamm = **aim-**, Endung = **-ez**.

Die Stammformen des **Présent** sind wichtig zur Bildung der anderen Zeiten.

Verben auf -er (1. Gruppe)

Ungefähr 90% der französischen Verben lauten auf **-er**.

Verben auf **-er**: **aimer**	
j'**aim**e	nous **aim**ons
tu **aim**es	vous **aim**ez
il **aim**e	ils **aim**ent

Eine Reihe von Verben auf **-er** ändern ihren Verbstamm. Sie lassen sich in verschiedene Gruppen einteilen:

Verben auf **-eter**: **jeter**	
je j**ett**e	nous jetons
tu j**ett**es	vous jetez
il j**ett**e	ils j**ett**ent

Verben auf **-eler**: **appeler**	
j'app**ell**e	nous appelons
tu app**ell**es	vous appelez
il app**ell**e	ils app**ell**ent

Die meisten Verben auf **-eter** und **-eler** werden nach diesem Muster konjugiert. Einige wenige Verben wie z. B. **acheter, peler, modeler** und **geler** weichen jedoch davon ab:

Verben auf **-eter**: **acheter**	
j'ach**è**te	nous achetons
tu ach**è**tes	vous achetez
il ach**è**te	ils ach**è**tent

Verben auf **-eler**: **peler**	
je p**è**le	nous pelons
tu p**è**les	vous pelez
il p**è**le	ils p**è**lent

Verben auf **-e(...)er**: **peser**		Verben auf **-é(...)er**: **espérer**	
je p**è**se	nous pesons	j'esp**è**re	nous espérons
tu p**è**ses	vous pesez	tu esp**è**res	vous espérez
il p**è**se	ils p**è**sent	il esp**è**re	ils esp**è**rent

Verben auf **-cer**: **commencer**		Verben auf **-ger**: **manger**	
je commence	nous commen**ç**ons	je mange	nous man**ge**ons
tu commences	vous commencez	tu manges	vous mangez
il commence	ils commencent	il mange	ils mangent

Verben auf **-oyer**: **nettoyer**		Verben auf **-uyer**: **appuyer**	
je nett**oi**e	nous nettoyons	j'app**ui**e	nous appuyons
tu nett**oi**es	vous nettoyez	tu app**ui**es	vous appuyez
il nett**oi**e	ils nett**oi**ent	il app**ui**e	ils app**ui**ent

Verben auf **-ayer**: **payer**			
je p**ai**e	nous payons	je paye	nous payons
tu p**ai**es	vous payez	tu payes	vous payez
il p**ai**e	ils p**ai**ent	il paye	ils payent

*Bei den Verben auf **-ayer** sind zwei Schreibweisen möglich.*

Verben auf -ir vom Typ „finir" (2. Gruppe)

*Circa 300 Verben bilden ihre Konjugation wie das Muster **finir**.*

Verben auf **-ir**: **finir**	
je finis	nous fini**ss**ons
tu finis	vous fini**ss**ez
il finit	ils fini**ss**ent

Ungefähr 200 Verben werden mehr oder weniger unregelmäßig konjugiert. Viele davon gehören zum Grundwortschatz. Die wichtigsten Verben dieser Gruppe sind:

avoir	j'ai	nous avons	
	tu as	vous avez	
	il a	ils ont	
être	je suis	nous sommes	
	tu es	vous êtes	
	il est	ils sont	
aller	je vais	nous allons	
	tu vas	vous allez	
	il va	ils vont	
acquérir	j'acquiers	nous acquérons	*ebenso: (re)conquérir,*
	il acquiert	ils acquièrent	*requérir*
s'asseoir	je m'assois	ns ns asseyons	*Imperativ:* assieds-toi,
	il s'assoit	ils s'assoient	*asseyez-vous*
battre	je bats	nous battons	*ebenso:* abattre, combattre
	il bat	ils battent	
boire	je bois	nous buvons	
	il boit	ils boivent	
conclure	je conclus	nous concluons	*ebenso:* exclure, inclure
	il conclut	ils concluent	
conduire	je conduis	nous conduisons	*ebenso:* construire, cuire, déduire,
	il conduit	ils conduisent	détruire, instruire, luire, nuire,
			produire, réduire, traduire
connaître	je connais	nous connaissons	*ebenso:* apparaître, disparaître,
	il connaît	ils connaissent	paraître, reconnaître
courir	je cours	nous courons	*ebenso:* concourir, parcourir
	il court	ils courent	
craindre	je crains	nous craignons	*ebenso:* contraindre, plaindre,
	il craint	ils craignent	atteindre, éteindre, peindre, joindre,
			rejoindre
croire	je crois	nous croyons	
	il croit	ils croient	
devoir	je dois	nous devons	
	il doit	ils doivent	
dire	je dis	nous disons	*ebenso:* contredire, interdire
	tu dis	vous **dites**	*aber: vous contre**disez**,*
	il dit	ils disent	*vous interdisez*

dormir	je dors il dort	nous dormons ils dorment	*ebenso:* endormir
écrire	j'écris il écrit	nous écrivons ils écrivent	*ebenso:* décrire, inscrire, prescrire, souscrire, transcrire
faire	je fais tu fais il fait	nous faisons vous **faites** ils **font**	*ebenso:* défaire, satisfaire
falloir	il faut		
lire	je lis il lit	nous lisons ils lisent	*ebenso:* élire, réélire, relire
mentir	je mens il ment	nous mentons ils mentent	*ebenso:* (res)sentir, (re)partir, sortir
mettre	je mets il met	nous mettons ils mettent	*ebenso:* admettre, émettre, permettre, promettre, remettre, transmettre
mourir	je meurs il meurt	nous mourons ils meurent	
mouvoir	je meus il meut	nous mouvons ils meuvent	*ebenso:* émouvoir
naître	je nais il naît	nous naissons ils naissent	*ebenso:* renaître
ouvrir	j'ouvre il ouvre	nous ouvrons ils ouvrent	*ebenso:* couvrir, découvrir, offrir, souffrir, courir
plaire	je plais il plaît	nous plaisons ils plaisent	*ebenso:* déplaire
pleuvoir	il pleut		
pouvoir	je peux tu peux il peut	nous pouvons vous pouvez ils peuvent	
prendre	je prends il prend	nous prenons ils prennent	*ebenso:* apprendre, comprendre, entreprendre, reprendre, surprendre
recevoir	je reçois il reçoit	nous recevons ils reçoivent	*ebenso:* apercevoir, concevoir, décevoir, percevoir
rendre	je rends il rend	nous rendons ils rendent	*ebenso:* attendre, défendre, dépendre, descendre, détendre, entendre, étendre, pendre, prétendre, suspendre, vendre; répandre; confondre, correspondre, fondre, répondre; perdre; mordre, tordre; corrompre, interrompre, rompre

résoudre	je résous il résou**t**	nous résolvons ils résolvent	*ebenso:* dissoudre
rire	je ris il rit	nous rions ils rient	*ebenso:* sourire
savoir	je sais il sait	nous savons ils savent	
servir	je sers il sert	nous servons ils servent	*ebenso:* desservir
suivre	je suis il suit	nous suivons ils suivent	*ebenso:* poursuivre
se taire	je me tais il se tait	nous nous taisons ils se taisent	
tenir	je tiens il tient	nous tenons ils tiennent	*ebenso:* s'abstenir, appartenir, contenir, entretenir, maintenir, obtenir, retenir, soutenir; convenir, devenir, intervenir, parvenir, prévenir, redevenir, revenir, se souvenir, survenir, venir
vaincre	je vaincs il vain**c**	nous vainquons ils vainquent	*ebenso:* convaincre
valoir	je vaux il vaut	nous valons ils valent	*ebenso:* équivaloir
vivre	je vis il vit	nous vivons ils vivent	*ebenso:* survivre
voir	je vois il voit	nous voyons ils voient	*ebenso:* prévoir, revoir
vouloir	je veux il veut	nous voulons ils veulent	

Erinnern

*Setzen Sie die fehlenden Formen des **Présent** und des Infinitivs ein.*

Infinitiv

tirer	je _tire_	nous _tirons_	ils _tirent_
_____	tu _____	nous épelons	elles _____
_____	je gèle	vous _____	ils _____
mener	elle _____	nous _____	ils _____
_____	je préfère	vous _____	elles _____
_____	je _____	tu places	nous _____
nager	on nage	nous _nageons_	ils _nagent_
envoyer	j' _envoie_	nous _envoions_	ils _envoient_
_____	je réussis	vous _____	elles _____
_____	tu vends	nous _____	ils _____

Ergänzen

*Ergänzen Sie die Sätze mit der fehlenden Form des **Présent**.*

1. Comme ils _ont_ faim, ils _mangent_ des fruits. (avoir/manger)
2. Quel jour _sommes_-nous ? – On _est_ le deux mars. (être/être)
3. Les gens, où est-ce qu'ils _vont_ ? – Ils _traversent_ le parc pour mieux voir le feu d'artifice. (aller/traverser)
4. M. Dutour _est_ un homme qui _boit_ . (être/boire)
5. Vous _cuisez_ les légumes à feu doux. (cuire)
6. La maison _disparaît_ sous la verdure. (disparaître)
7. Il _parcourt_ un journal en cinq minutes. (parcourir)
8. Nous _éteignons_ la lumière à 22 heures. (éteindre)

9. Ils ne _____ pas en Dieu. (croire)

10. Vous _____ faire attention. (devoir)

11. Normalement nous _____ déjà à 10 heures. (dormir)

12. « falloir » _____ avec deux « l ». (s'écrire)

13. Il _____ les enfants en leur donnant ce qu'ils _____ .

    (satisfaire/vouloir)

14. La commune _____ les conseillers municipaux. (élire)

15. Elle ne _____ plus ses jambes. (sentir)

16. Je ne _____ pas qu'ils lisent toute la nuit. (permettre)

17. Elle _____ de rhumatismes. (souffrir)

18. Mon voisin _____ sur ses problèmes. (se taire)

Verbinden

Verbinden Sie die angegebenen Wörter zu einem Satz. Konjugieren Sie das Verb im
Présent.

1. vous – apprendre – le français – depuis longtemps

   Vous apprenez le français depuis longtemps.

2. tous les jours – je – recevoir – une lettre de mon oncle

   _____

3. le magasin – vendre – tous ses vêtements en solde

   _____

4. je – se souvenir – de Madame Dutour

   _____

5. nous – vivre – une époque difficile

   _____

Lösungen siehe Seite 136.

Pascal **a quitté** Paris il y a dix ans.
Ce matin, je n'**ai** pas **reçu** de courrier.

Pascal verließ vor zehn Jahren Paris.
Heute Morgen erhielt ich keine Post.

Bildung des Passé composé

j'	ai	dormi	nous	avons	dormi
tu	as	dormi	vous	avez	dormi
il	a	dormi	ils	ont	dormi
elle	a	dormi	elles	ont	dormi
on	a	dormi			

je	suis	venu(e)	nous	sommes	venu(e)s
tu	es	venu(e)	vous	êtes	venu(e)(s)
il	est	venu	ils	sont	venus
elle	est	venue	elles	sont	venues
on	est	venu(e)(s)			

Das **Passé com-posé** setzt sich aus dem **Présent** von **avoir** oder **être** und dem Partizip Perfekt zusammen.

1. Partizip Perfekt

regelmäßige Formen:

aim**é**, jet**é**, appel**é**, achet**é**, pel**é**, pes**é**, espér**é**, commenc**é**, mang**é**, appuy**é**, nettoy**é**, pay**é**, all**é**	Verben auf **-er:** →-é
fin**i**, dorm**i**, ment**i**, serv**i**	Verben auf **-ir:** → -i
batt**u**, rend**u**, vainc**u**	Verben auf **-re:** →-u

wichtige unregelmäßige Formen:

eu	(avoir)	**été**	(être)	**acquis**	(acquérir)
assis	(s'asseoir)	**bu**	(boire)	**conclu**	(conclure)
conduit	(conduire)	**connu**	(connaître)	**couru**	(courir)
craint	(craindre)	**cru**	(croire)	**dû**	(devoir)
dit	(dire)	**écrit**	(écrire)	**fait**	(faire)
fallu	(falloir)	**lu**	(lire)	**mis**	(mettre)
mort	(mourir)	**mû**	(mouvoir)	**né**	(naître)
ouvert	(ouvrir)	**plu**	(plaire)	**plu**	(pleuvoir)
pris	(prendre)	**pu**	(pouvoir)	**reçu**	(recevoir)
résolu	(résoudre)	**ri**	(rire)	**su**	(savoir)
suivi	(suivre)	**tu**	(se taire)	**tenu**	(tenir)
valu	(valoir)	**vécu**	(vivre)	**vu**	(voir)
voulu	(vouloir)				

2. avoir oder être?

Hier, on **a dormi** jusqu'à neuf heures.
Vers dix heures, on **a pris** le petit déjeuner.
Il **a eu** peur.
Elle **a été** à Paris.

Die meisten Verben bilden das
***Passé composé** mit **avoir**.*
Dies gilt auch für die Verben
***avoir** und **être** selbst.*

Nous **avons marché** toute la journée.
Michel **a nagé** le 200 mètres.
L'année dernière, j'**ai** beaucoup **voyagé**.

Verben der <u>Bewegungsart</u> bilden,
im Gegensatz zum Deutschen, das
***Passé composé** mit **avoir**. Hierzu*
*gehören u. a.: **courir, marcher,***
***nager, rouler, sauter, voler**.*

Nous **sommes allés** en ville.
On **est restés** jusqu'à cinq heures.
Ensuite, on **est revenus** à l'hôtel.
A six heures, mon frère **est venu**.
Il **est entré** dans ma chambre.

Verben der <u>Bewegungsrichtung</u>
*bilden das **Passé composé** mit*
être**. Hierzu gehören u. a.: **aller,
arriver, entrer, partir, rester,
***rentrer, tomber, venir, revenir**.*

Elle **a descendu** les valises.
Elle **est descendue** dans la rue.

J'**ai monté** le courrier.
Je **suis monté** vers cinq heures.

Il **a rentré** la voiture au garage.
Il **est rentré** vers minuit.

Die Verben der <u>Bewegungsrichtung</u>
descendre, monter, rentrer,
***sortir** werden je nach Bedeutung*
*mit **avoir** oder **être** verbunden:*
*<u>mit **avoir**</u>: wenn sie ein direktes*
*Objekt haben (z. B. **les valises,***
***le courrier**)*
*<u>mit **être**</u>: in allen übrigen Fällen*

Elle **a sorti** la voiture du garage.
Ma fille **est sortie** avec un garçon.

Elle **s'est lavé** les mains.
Elle **s'est adressée** à la vendeuse.

Alle reflexiven Verben bilden
*das **Passé composé** mit **être**.*

3. Veränderlichkeit des Partizips Perfekt

beim Passé composé mit être:

Je suis arriv**é(e)** à sept heures.
Tu es arriv**é(e)** à sept heures.
Il est arriv**é** à sept heures.
Elle est arriv**ée** à sept heures.
On est arriv**é(e)(s)** à sept heures.
Nous sommes arriv**é(e)s** à sept heures.
Vous êtes arriv**é(e)(s)** à sept heures.
Ils sont arriv**és** à sept heures.
Elles sont arriv**ées** à sept heures.

*Das mit **être** verbundene Partizip*
Perfekt richtet sich in Geschlecht
und Zahl stets nach dem Subjekt.
Nur bei reflexiven Verben gelten
abweichende Regeln.

beim Passé composé mit avoir:

J'ai passé mes vacances en France.
Pendant quinze jours, j'ai visité des villes.
J'ai pris beaucoup de photos.

> *Das mit **avoir** verbundene Partizip Perfekt wird in Geschlecht und Zahl <u>nicht</u> verändert, wenn das direkte Objekt dem Verb <u>folgt</u>.*

Les vacances **que** j'ai pass**ées** ont été magnifiques.
Quand est-ce que tu as visité ces villes ?
Je **les** ai visit**ées** pendant les vacances.
Combien de photos est-ce que tu as pris**es** ?

> *Es wird nur dann verändert, wenn dem Verb ein <u>direktes</u> Objekt <u>vorausgeht</u> (in Form von **que, la, les, combien de** etc.).*

Est-ce que tu as parlé à tes voisins ?
Non, je ne **leur** ai pas parlé.
Est-ce que tu as cédé à ta femme ?
Oui, je **lui** ai cédé.

> *Hier geht dem Partizip Perfekt ein <u>indirektes</u> Objekt in Form von **leur** bzw. **lui** voraus. Es wird deshalb <u>nicht</u> verändert!*

beim Passé composé reflexiver Verben:

Nous nous sommes lavé les mains.
Elle s'est acheté une maison.

> *Das Partizip wird <u>nicht</u> verändert, wenn ihm ein direktes Objekt folgt (z. B. **les mains, une maison**). Das vorangestellte Reflexivpronomen ist dann automatisch indirektes Objekt.*

Ils se sont lav**és**.
Elle s'est évanou**ie**.
Nous nous sommes lev**és** à sept heures.
Elles se sont rend**ues** à Marseille.

> *Das Partizip wird jedoch verändert, wenn das Reflexivpronomen direktes Objekt ist. Ein Reflexivpronomen kann nur dann direktes Objekt sein, wenn dem Partizip Perfekt kein direktes Objekt folgt.*

Gebrauch des Passé composé

Un jour, le facteur **est venu** avec une lettre.
Il **a donné** la lettre à mon père.
D'abord, mon père **a ouvert** la lettre, puis il nous **a regardés** et il **s'est évanoui**.

> *Das **Passé composé** beschreibt Ereignisse, die zeitlich begrenzt sind. Ein Ereignis folgt dem anderen. Man kann hier folgende Fragen stellen: „Was geschah damals?" „Und dann?" „Und dann?"*

J'**ai passé** mon bac il y a deux mois.
J'**ai vu** Nicole mardi dernier.

> *Das **Passé composé** beschreibt zeitlich begrenzte Ereignisse, deren Folgen bis in die Gegenwart reichen.*

A six heures, il **faisait** jour.
Les oiseaux **chantaient**.

Um sechs Uhr war es hell.
Die Vögel sangen.

Bildung des Imparfait

nous **fais**ons →	je	fais**ais**
	tu	fais**ais**
	il	fais**ait**
	elle	fais**ait**
	on	fais**ait**
	nous	fais**ions**
	vous	fais**iez**
	ils	fais**aient**
	elles	fais**aient**

Das **Imparfait** wird gebildet aus
dem Stamm der 1. Person Plural
des **Présent (nous fais-ons)**,
an den man die entsprechenden
Imparfait-Endungen anhängt
(→ **nous fais-ions**).

Alle Verben bilden das **Imparfait** nach dieser Regel. Einzige Ausnahme ist **être**.
Es bildet das **Imparfait** mit dem Stamm **ét-**:

> j'étais, tu étais, il était, nous étions, vous étiez, ils étaient

Gebrauch des Imparfait

Autrefois, les gens **allaient** à l'église.
Les enfants **jouaient** dans la cour.
Tous les soirs, on se **mettait** au lit très tôt.

Das **Imparfait** beschreibt eine frühere
Gewohnheit oder einen früheren Zu-
stand. Man kann folgende Fragen
stellen: „Wie war es früher?" „Was
war die ganze Zeit schon?" „Was
machten die Menschen gewöhnlich?"

A six heures, il **faisait** jour.
Les oiseaux **chantaient**.

Was war um 6 Uhr? Es war hell, und
die Vögel sangen. Das **Imparfait**
bringt hier <u>nicht</u> zum Ausdruck, dass es
um 6 Uhr hell <u>wurde</u>, sondern vielmehr, dass es bereits hell <u>war</u>. Die Vögel sangen schon. Sie begannen ihren
Gesang vielleicht schon um 5 Uhr.

Si j'**étais** riche, je vivrais en Espagne.

Ist die Erfüllung einer Bedingung un-
wahrscheinlich, steht im **si**-Satz das
Imparfait (vgl. Seite 78).

Passé composé oder Imparfait?

*Während das **Passé composé** bei Ereignissen einer Handlungskette steht (Szenen im Vordergrund), benützt man das **Imparfait** für die Darstellung der Begleitumstände einer Handlung (Hintergrund).*

J'**étais** dans la rue quand la police
  est venue.

Was war die ganze Zeit schon?
Ich war auf der Straße.
Und was geschah? – Die Polizei kam.

Quand j'**étais** dans la rue,
  je **regardais** les gens.
Tout à coup, la police **est venue**.

Was war die ganze Zeit?
Ich war auf der Straße und schaute
die Leute an.
Was geschah? – Die Polizei kam.

Quand la police **est venue**,
  un homme **s'est sauvé**.

Was geschah? – Die Polizei kam.
Und dann? – Ein Mann rannte weg.

J'**ai sorti** de mon sac à dos le plan
  de la ville parce que je **voulais**
  trouver la rue Gambetta.

Was geschah?
Ich holte aus meinem Rucksack den
Stadtplan.
Was war die ganze Zeit schon?
Ich wollte die rue Gambetta finden.

J'**ai sorti** de mon sac à dos le plan
  de la ville que j'**ai montré** à un
  passant.

Was geschah?
Ich holte aus meinem Rucksack den
Stadtplan.
Und was geschah dann?
Ich zeigte ihn einem Passanten.

Comme il **pleuvait** sans arrêt, nous
  sommes allés dans un café.

Was war die ganze Zeit schon?
Es regnete andauernd.
Und was geschah?
Wir gingen in eine Kneipe.

Comme j'**ai dit** « idiot » à ce passant,
  il m'**a donné** une gifle.

Was geschah?
Ich sagte „Idiot" zu diesem Passanten.
Und was geschah dann?
Er klebte mir eine.

Quand j'**étais** à Paris,
  j'**allais** au cinéma.

Was machte ich gewöhnlich?
Jedes Mal wenn ich in Paris war, ging
ich ins Kino.

Quand j'**étais** à Paris,
  je **suis allé** au cinéma.

Was war die ganze Zeit schon?
Ich war in Paris.
Und was geschah?
Ich ging (einmal) ins Kino.

Ordnen und ausfüllen

Ordnen Sie die Infinitive den beiden Gruppen zu: **Passé composé** mit **avoir** oder mit **être**.

aller · venir · vendre · offrir · être · courir · se taire · pouvoir · pleuvoir · rire · tomber · devoir · voyager · arriver · se rendre · s'offrir · rentrer · se dire

Infinitiv	Passé composé mit avoir	Infinitiv	Passe composé mit être
vendre	j'ai vendu	aller	je suis allé(e)
offrir	j'ai offert	venir	je suis venu,e
être	j'ai été	se dire	je me suis dit
pouvoir	j'ai pu	se taire	je me suis tait
pleuvoir	il plu	tomber	je suis tombé,e
rire	j'ai rit	voyager	je suis voyagé,e
devoir	j'ai du	arriver	je suis arrivé
rentrer	j'ai rentré	se rendre	je me suis rendu
courir	j'ai couru	s'offrir	je me offert

Umformen

Setzen Sie die Geschichte in die Vergangenheit. Verwenden Sie dabei das **Passé composé**. Achten Sie auf die Endungen des Partizips.

1. Un monsieur fait un voyage avec sa femme.

   Il a fait un voyage avec sa femme.

2. Dans un supermarché, il s'achète un paquet de biscuits. Il les mange.

   _____

3. Ensuite, il va à une station service. Il prend 50 litres de super sans plomb.

   _____

4. Puis, le monsieur et sa femme se promènent sur un champs de maïs.

_____

5. Ils continuent le voyage. Le monsieur conduit sans arrêt.

_____

6. Trois heures plus tard, il a faim. Puis, il lit sur une enseigne :
   « L'Auberge des Belges, c'est le restaurant le moins cher. »

_____

7. Le monsieur et sa femme entrent dans ce restaurant.

_____

8. Une dame vient. Elle leur montre une table à deux.

_____

9. Les deux prennent place.

_____

10. La dame arrive avec la carte. Elle la leur donne.

_____

11. Le monsieur ouvre la carte.

_____

12. Rien ne lui plaît.

_____

13. Il jette la carte par terre.

_____

14. Les deux descendent l'escalier et quittent le restaurant sans avoir dit au revoir.

_____

15. La dame se tait. Puis elle rit.

_____

16. Le monsieur et sa femme montent dans la voiture.

_____

17. Ils partent sans avoir rien mangé.

_____

Entscheiden

*Entscheiden Sie, ob das **Passé composé** oder das **Imparfait** einzusetzen ist.*

1. Chaque matin, Nathalie _se levait_ à six heures. Lundi dernier, elle *s'est levée* à dix heures seulement. (se lever/se lever)

2. A Paris, il _faisait_ très chaud. On _est allés_ dans un café pour boire quelque chose. (faire/aller)

3. D'abord, Monsieur Dutour _buvait_ (*a bu*) une bière, puis il _commandé_ (*a*) le menu à 95 francs et une carafe de vin rouge, il _mangeait_ (*a mangé*) et ensuite, il _a payé_ . (boire/commander/manger/payer)

4. Monsieur Rocher _faisait des achats_ dans la rue de l'Eglise quand il _a vu_ sa femme. (faire des achats/voir)

5. Pendant toute sa vie, Yvonne _se promenerait_ au bois de Vincennes. Un jour, elle y _a vu_ un accident grave. (se promener/voir)

6. Toute la famille _avait_ très soif. Ils _ont attendu_ une heure pour les boissons. (avoir/attendre)

7. Pendant qu'il _préparait_ le repas, quelqu'un _a frappé_ à la porte. (préparer/frapper)

8. D'abord les copains _ont (sont) allés_ au cinéma, puis ils _ons (ont)_ un verre dans un café. (aller/prendre)

9. J' _étais_ dans la maison et je _faisait_ le ménage quand les invités _sont venus_ . (être/faire/venir)

10. Tous les jours elle se _brossait_ les dents mais mardi, elle _a oblié_ de le faire. (brosser/oublier)

Lösungen siehe Seite 137.

60

Futur simple

Yvonne **partira** demain.
J'espère qu'il ne **pleuvra** pas.

Yvonne reist morgen ab.
Ich hoffe, dass es nicht regnen
  wird.

Bildung des Futur simple

1. Endungen

je	cherche**rai**
tu	cherche**ras**
il	cherche**ra**
elle	cherche**ra**
on	cherche**ra**
nous	cherche**rons**
vous	cherche**rez**
ils	cherche**ront**
elles	cherche**ront**

*Die Endungen des **Futur simple**
sind bei allen Verben regelmäßig.*

2. Ableitungen

regelmäßige Ableitung bei Verben auf -er:

1. Person Singular **Présent**	+	Endung des **Futur simple**

j'aime	→	j'aime**rai**
je jette	→	je jette**rai**
j'appelle	→	j'appelle**rai**
j'achète	→	j'achète**rai**
je pèle	→	je pèle**rai**
je pèse	→	je pèse**rai**
je commence	→	je commence**rai**
je mange	→	je mange**rai**
je nettoie	→	je nettoie**rai**
j'appuie	→	j'appuie**rai**
je paie	→	je paie**rai**

*Der größte Teil der Verbgruppen
auf **-er** bildet das **Futur simple** so:
Man hängt an die 1. Person
Singular des **Présent** die entsprechenden **Futur**-Endungen an.*

unregelmäßige Ableitung bei Verben auf -er:

Infinitivstamm	+	Endung des **Futur simple**

			Bei den Verben der Gruppe
espérer	→	j'espére**rai**	**-é(...)er** hängt man die
assiéger	→	j'assiége**rai**	entsprechenden Endungen
céder	→	je céde**rai**	des **Futur simple** an den
compléter	→	je compléte**rai**	Infinitivstamm, also an den
exagérer	→	j'exagére**rai**	Infinitiv ohne **-r** an
posséder	→	je posséde**rai**	(→ **espére-rai**).
répéter	→	je répéte**rai**	

			Die Verben **aller** und **envoyer**
aller	→	j'**irai**	besitzen unregelmäßige Futur-
envoyer	→	j'enver**rai**	stämme.

regelmäßige Ableitung bei Verben auf -ir und -re:

Infinitivstamm	+	Endung des **Futur simple**

			Bei den meisten Verbgruppen
finir	→	je fini**rai**	auf **-ir** und **-re** hängt man die
battre	→	je batt**rai**	entsprechenden Endungen
boire	→	je boi**rai**	des **Futur simple** an den
conclure	→	je conclu**rai**	Infinitivstamm an
conduire	→	je condui**rai**	(→ **fini-rai, rend-rai**).
connaître	→	je connaît**rai**	
craindre	→	je craind**rai**	
croire	→	je croi**rai**	
dire	→	je di**rai**	
dormir	→	je dormi**rai**	
lire	→	je li**rai**	
mentir	→	je menti**rai**	
mettre	→	je mett**rai**	
ouvrir	→	j'ouvri**rai**	
plaire	→	je plai**rai**	
prendre	→	je prend**rai**	
rendre	→	je rend**rai**	
servir	→	je servi**rai**	
suivre	→	je suiv**rai**	
vaincre	→	je vainc**rai**	
vivre	→	je viv**rai**	

unregelmäßige Futurstämme:

avoir	→	j'au**rai**		mouvoir	→	je mouv**rai**
être	→	je se**rai**		pleuvoir	→	il pleuv**ra**
aller	→	j'i**rai**		pouvoir	→	je pour**rai**
envoyer	→	j'enver**rai**		recevoir	→	je recev**rai**
acquérir	→	j'acquer**rai**		savoir	→	je sau**rai**
s'asseoir	→	je m'assié**rai**		tenir	→	je tiend**rai**
courir	→	je cour**rai**		valoir	→	il vaud**ra**
devoir	→	je dev**rai**		venir	→	je viend**rai**
falloir	→	il faud**ra**		voir	→	je ver**rai**
faire	→	je fe**rai**		vouloir	→	je voud**rai**
mourir	→	je mour**rai**				

Gebrauch des Futur simple

Je vous **rendrai** votre argent la semaine
  prochaine.
Votre mari **sera** un avocat réputé.

> *Das **Futur simple** steht für zu-
> künftige Ereignisse. Im Deutschen
> kann von Fall zu Fall auch das
> Präsens stehen.*

Nous espérons que vous **trouverez** notre
  hôtel facilement.

> *Nach Ausdrücken, die in die
> Zukunft weisen, wie z. B. nach
> **espérer**, steht im Französischen
> das **Futur simple** häufiger als im
> Deutschen.*

Si tu vas en Bretagne l'année prochaine,
  tu **diras** bonjour à madame Legrand.

> *Kann die Bedingung eines **si**-Satzes
> möglicherweise erfüllt werden,
> steht im Hauptsatz entweder das
> **Présent** oder das **Futur simple**
> (siehe Seite 78).*

 *Zum Gebrauch des **Présent** zum Ausdruck der Zukunft siehe Seite 45.*

Futur composé

Demain, tu **vas acheter** une voiture.
Tu ne **vas** pas lui **donner** l'adresse ?

Morgen kaufst du ein Auto.
Du wirst ihm doch nicht die
  Adresse geben?

Bildung des Futur composé

je	**vais**	chercher
tu	**vas**	chercher
il	**va**	chercher
elle	**va**	chercher
on	**va**	chercher
nous	**allons**	chercher
vous	**allez**	chercher
ils	**vont**	chercher
elles	**vont**	chercher

*Das **Futur composé** wird gebildet*
*aus dem Präsens des Verbs **aller***
und einem entsprechenden
Infinitiv.

Gebrauch des Futur composé

Qu'est-ce que tu **vas faire** à Paris ?
Je **vais** me **promener** toute la journée.

*Das **Futur composé** steht für*
zukünftige Ereignisse. Meistens
*kann es durch eine Form des **Futur***
***simple** ersetzt werden.*

Futur simple oder Futur composé?

J'espère qu'il ne **va** pas **pleuvoir**.
Demain, il ne **pleuvra** pas.

*Das **Futur composé** wird stärker*
in der gesprochenen Sprache, das
***Futur simple** sowohl in der ge-*
schriebenen als auch in der gespro-
chenen Sprache benutzt.

Qu'est-ce qu'on **va faire** maintenant ?
Je **vais** vous **préparer** un bon repas.

*Das **Futur composé** steht für eine*
nahe, unmittelbare Zukunft
*(**maintenant, tout de suite**) oder*
drückt eine Absicht aus.

Im Deutschen steht für zukünftige Ereignisse oft das Präsens, im Französischen jedoch
selten.

 *Zum Gebrauch des **Présent** siehe Seite 44.*

Umformen

*Formen Sie die Sätze vom **Futur simple** ins **Futur composé** um.*

1. Je commencerai à apprendre le français en avril.

   Je vais commencer à apprendre le français en avril.

2. Tu diras bonjour à ta mère.

   _____

3. A partir de demain, tu ne boiras plus.

   _____

4. A la montagne, nous dormirons bien.

   _____

5. Vous reviendrez l'année prochaine ?

   _____

6. Demain soir, on parlera du nouveau film.

   _____

7. Est-ce que nous ferons du ski pendant les vacances ?

   _____

8. J'espère qu'il ne pleuvra pas demain.

   _____

9. Ma fille sera une grande actrice.

   _____

10. Vous regarderez un film samedi prochain ?

    _____

Umformen

*Formen Sie die Sätze um. Verwenden Sie dabei das **Futur simple** und die Verneinung mit **ne... plus**.*

1. L'année dernière, nous avons passé nos vacances dans les Alpes.

   Mais nous ne passerons plus nos vacances dans les Alpes.

2. On allait depuis 10 ans à Chamonix.

   Mais…

3. On prenait toujours une chambre à l'hôtel.

4. Cette fois-ci, nous avons dormi dans une petite chambre.

5. Je m'ennuyais sur la piste.

6. J'ai envoyé des cartes postales à nos amis. Je les ai tenus au courant.

7. Tous les soirs mon mari buvait au bar.

8. Un jour, j'ai vu une photo de mon mari dans le journal.

9. J'ai fait semblant de ne rien voir.

10. Je me suis tue.

11. Il m'avait trompée.

12. Sur la photo, on voyait mon mari avec une autre femme.

Lösungen siehe Seite 137.

Plus-que-parfait

Ce soir-là j'avais très soif.
Il **avait fait** 35 degrés à l'ombre et
je m'**étais fait** prendre dans un
embouteillage.

*An jenem Abend hatte ich großen
Durst. Es waren 35 Grad im
Schatten gewesen und ich war
in einen Stau gekommen.*

Bildung des Plus-que-parfait

j'	avais	travaillé
tu	avais	travaillé
il	avait	travaillé
elle	avait	travaillé
on	avait	travaillé
nous	avions	travaillé
vous	aviez	travaillé
ils	avaient	travaillé
elles	avaient	travaillé

*Das **Plus-que-parfait** setzt sich
aus dem **Imparfait** von **avoir**
oder **être** und dem Partizip
Perfekt zusammen.*

 *Zur Bildung und Veränderlichkeit des Partizips Perfekt und zum Gebrauch von
avoir oder **être** siehe **Passé composé**, Seite 53.*

Gebrauch des Plus-que-parfait

Hier, j'ai vu un oiseau que je n'**avais**
jamais **vu** avant.
Nous sommes partis à la mer. Cela fait
deux ans que nous n'y **étions** pas **allés**.

*Das **Plus-que-parfait** steht für
Ereignisse, die vor einem anderen
Geschehen der Vergangenheit
liegen.*

Quand elle **était rentrée** de son travail,
elle préparait le dîner.

*In Verbindung mit einem Haupt-
satz im **Imparfait** steht das **Plus-
que-parfait** für sich wiederholen-
de Ereignisse der Vergangenheit
(häufig nach **quand** oder **après
que**).*

Si j'**avais voulu**, j'aurais terminé le travail.

*Kann eine Bedingung nicht mehr
erfüllt werden, steht im **si**-Satz
immer das **Plus-que-parfait**
(vgl. Seite 78).*

Conditionnel présent

Il m'a dit qu'ils **aimeraient** venir.

Elle m'a dit qu'elle **reviendrait** demain.

Er hat mir gesagt, dass sie gerne kommen wollen.
Sie hat mir gesagt, dass sie morgen zurückkommen würde.

Pourriez-vous me dire si mon mari est encore au bureau ?
Selon notre correspondant, les blessés **seraient** hors de danger.

Könnten Sie mir sagen, ob mein Mann noch im Büro ist?
Unserem Korrespondenten zufolge sollen die Verletzten außer Gefahr sein.

Bildung des Conditionnel present

1. Endungen

j'	aime**rais**
tu	aime**rais**
il	aime**rait**
elle	aime**rait**
on	aime**rait**
nous	aime**rions**
vous	aime**riez**
ils	aime**raient**
elles	aime**raient**

*Die Endungen des **Conditionnel présent** sind bei allen Verben gleich. Sie setzen sich zusammen aus einem **-r-** und den Endungen des **Imparfait**.*

2. Ableitungen

*Ableitungen wie bei **Futur simple***	+	**-r-**	+	*Endung des **Imparfait***

*Für das **Conditionnel présent** gelten die gleichen Ableitungsregeln wie für das **Futur simple** (siehe Seite 61).*

Gebrauch des Conditionnel présent

Elle m'a annoncé qu'elle **partirait**
le lendemain.
Je pensais qu'elle se **présenterait**
devant le jury d'examen.

*Das **Conditionnel** steht als „Zukunft
der Vergangenheit" für Ereignisse,
die aus der Vergangenheit betrachtet
in einer späteren Zeit stattfinden.*

Pourriez-vous me montrer le chemin ?
Je vous **serais** reconnaissant de
bien vouloir confirmer la réservation.
Je **voudrais** vous demander si vous
pouvez me prêter de l'argent.

*Das **Conditionnel** steht für eine
höfliche Bitte oder für einen
Wunsch …*

Je **pourrais** faire un voyage autour du
monde. Mais je n'ai pas assez d'argent.
Ne parlez pas. L'enfant s'**éveillerait**.

*… oder zum Ausdruck einer
Möglichkeit oder einer Annahme.*

Moi, je **serais** le roi et toi, tu **serais**
la reine.

*Kinder verwenden das **Conditionnel**,
um Rollen zu verteilen.*

Le taux de chômage **augmenterait**
jusqu'à quinze pour cent.

*In der Zeitungssprache wird das
Conditionnel benützt, um vorsichtige
Vermutungen zu äußern.*

Si je gagnais au loto, je **ferais** un
voyage autour du monde.

*Nach einem **Imparfait** im si-Satz
steht im Hauptsatz ein **Conditionnel**
(siehe Seite 78).*

Au cas où nous **serions** absents quand
vous viendrez, la clé est sous le
paillasson.

*Nach folgenden Ausdrücken, die eine
Bedingung vorgeben, steht immer das
Conditionnel:
**au cas où, dans le cas où, pour le
cas où, dans l'hypothèse où**.*

Conditionnel passé

Les révolutionnaires **auraient renversé** le gouvernement.
Monsieur Dutour **aurait volé** une voiture.

Die Revolutionäre sollen die Regierung gestürzt haben.
Herr Dutour soll ein Auto gestohlen haben.

Bildung des Conditonnel passé

j'	aurais	réussi
tu	aurais	réussi
il	aurait	réussi
elle	aurait	réussi
on	aurait	réussi
nous	aurions	réussi
vous	auriez	réussi
ils	auraient	réussi
elles	auraient	réussi

*Das **Conditionnel passé** wird gebildet aus dem **Conditionnel présent** von **avoir** bzw. **être** und dem Partizip Perfekt.*

 *Zur Bildung und Veränderlichkeit des Partizips Perfekt und zum Gebrauch von **avoir** oder **être** siehe **Passé composé**, Seite 53.*

Gebrauch des Conditionnel passé

Le ministre des Affaires Etrangères **aurait démissionné**.
Un groupe de jeunes **aurait tué** un étranger.

*In der Zeitungssprache wird das **Conditionnel passé** benützt, um vorsichtig noch nicht offiziell bestätigte, abgeschlossene Ereignisse zu schildern.*

Si tu avais travaillé, tu **aurais passé** ton bac.

*Nach einem **Plus-que-parfait** im **si**-Satz steht im Hauptsatz das **Conditionnel passé** (siehe Seite 78).*

Il **faut que** tu t'en **ailles**.
Je vais au supermarché **pour que** tu
 puisses me préparer un repas.

Du musst gehen.
Ich gehe zum Supermarkt, damit
 du mir ein Essen machen kannst.

Bildung des Subjonctif présent

1. Endungen

Il faut que je	sort**e**.
Il faut que tu	sort**es**.
Il faut qu'il	sort**e**.
Il faut qu'elle	sort**e**.
Il faut qu'on	sort**e**.
Il faut que nous	sort**ions**.
Il faut que vous	sort**iez**.
Il faut qu'ils	sort**ent**.
Il faut qu'elles	sort**ent**.

*Die Endungen des **Subjonctif** sind regelmäßig.*

*Es gibt zwei Ausnahmen: In der 1. und 2. Person Plural besitzen die **Subjonctif**-Formen der Verben **être** und **avoir** kein **-i-**:*

*– **que nous soyons, que vous soyez***
*– **que nous ayons, que nous ayez***

2. Ableitungen

regelmäßige Ableitung:

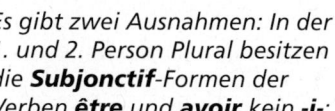

Stamm der 3. Person Plural **Présent**	+	**Subjonctif**-Endung

ils aiment	→	que j'aim**e**
ils finissent	→	que je finiss**e**
ils s'assoient	→	que je m'assoi**e**
ils battent	→	que je batt**e**
ils concluent	→	que je conclu**e**
ils conduisent	→	que je conduis**e**
ils connaissent	→	que je connaiss**e**
ils courent	→	que je cour**e**
ils craignent	→	que je craign**e**
ils disent	→	que je dis**e**
ils dorment	→	que je dorm**e**
ils écrivent	→	que j'écriv**e**
ils lisent	→	que je lis**e**
ils mentent	→	que je ment**e**

*Die meisten regelmäßigen und unregelmäßigen Verben bilden den **Subjonctif** so: Man hängt an den Stamm der 3. Person Plural des **Présent**, also an das Verb ohne **Présent**-Endung, die entsprechenden **Subjonctif**-Endungen an (→ **batt-e**).*

ils mettent	→	que je mett**e**
ils naissent	→	que je naiss**e**
ils ouvrent	→	que j'ouvr**e**
ils plaisent	→	que je plais**e**
ils prennent	→	que je prenn**e**
ils rendent	→	que je rend**e**
ils résolvent	→	que je résolv**e**
ils rient	→	que je ri**e**
ils servent	→	que je serv**e**
ils suivent	→	que je suiv**e**
ils se taisent	→	que je me tais**e**
ils vainquent	→	que je vainqu**e**
ils vivent	→	que je viv**e**

regelmäßige Ableitungen bei Wechsel des Stammvokals:

que je p**è**se que tu p**è**ses qu'il p**è**se qu'ils p**è**sent	que nous p**e**sions que vous p**e**siez

*Verben, die im **Présent** den Stammvokal ändern (z. B. **peser**: je p**è**se, aber: **nous p**e**sons**; **boire**: je b**ois**, aber: **nous b**u**vons**) weisen auch im **Subjonctif** diese Änderung auf.*

que je b**oi**ve que tu b**oi**ves qu'il b**oi**ve qu'ils b**oi**vent	que nous b**u**vions que vous b**u**viez

Dies gilt für:

- *Verben auf **-er**, die im **Présent** verschiedene Stämme besitzen:*
  *z. B. **jeter, appeler, acheter, peler, peser, espérer***
- *unregelmäßige Verben:*
  acquérir, boire, devoir, mourir, mouvoir, prendre, recevoir, tenir, venir

regelmäßige Ableitung bei Verben mit einem -y- vor endungsbetonten Formen *(1. und 2. Person Plural):*

que je nettoie	que nous netto**y**ions
que tu nettoies	que vous netto**y**iez
qu'il nettoie	
qu'ils nettoient	

*Verben, die vor endungsbetonten Formen im **Présent** ein -y- aufweisen, behalten dieses -y- auch im **Subjonctif**.*

que je voie	que nous vo**y**ions
que tu voies	que vous vo**y**iez
qu'il voie	
qu'ils voient	

Dies gilt für:

- *Verben auf **-er**: z. B. **appuyer, nettoyer, payer, envoyer***
- *unregelmäßige Verben: **croire, se distraire, voir***

unregelmäßige Subjonctif-Stämme:

avoir	→	que j'a**ie**	être	→	que je **sois**
	→	que nous a**y**ons		→	que nous so**y**ons
aller	→	que j'**aille**	faire	→	que je **fasse**
	→	que nous **allions**		→	que nous fassions
falloir	→	qu'il **faille**	pleuvoir	→	qu'il **pleuve**
pouvoir	→	que je **puisse**	savoir	→	que je **sache**
	→	que nous puissions		→	que nous sachions
valoir	→	que je **vaille**	vouloir	→	que je **veuille**
		que nous **valions**			que nous **voulions**

Subjonctif passé

Admettons qu'il **ait dit** la vérité.

Je **souhaite** qu'elle **soit arrivée**.

*Nehmen wir einmal an, dass er die
Wahrheit gesagt hat.*
Ich wünsche, dass sie gekommen ist.

Bildung des Subjonctif passé

*Der **Subjonctif passé** wird gebildet aus dem **Subjonctif** von **avoir** oder **être** und
dem Partizip Perfekt.*

 *Zur Bildung und Veränderlichkeit des Partizips Perfekt und zum Gebrauch von
avoir oder **être** siehe **Passé composé**, Seite 53.*

Gebrauch des Subjonctif présent und Subjonctif passé

*Der **Subjonctif** tritt fast ausschließlich in Nebensätzen nach **que** auf.*

*Man unterscheidet zwei Verwendungsarten: Hauptsätze, die nach einem **que** den
Subjonctif automatisch auslösen, und solche, bei denen eine Wahlmöglichkeit be-
steht (z. B. **Subjonctif** oder **Présent**).*

1. Automatische Verwendung des Subjonctif

Je **veux qu'**il **apprenne** le français.
Permettez que je vous **dise** la vérité.
J'**interdis que** vous **entriez** dans
mon terrain.
Je n'**accepte** pas **que** mes enfants
fassent tant de bruit.

*Im **que**-Satz nach Verben der
Willensäußerung.*
*Weitere Beispiele: **préférer que,
demander que, proposer que,
refuser que, vouloir bien que,
aimer mieux que, désirer que,
souhaiter que, j'aimerais que,
avoir envie que, exiger que,
ordonner que, autoriser que,
défendre que***

Elle **apprécie que** les Français **achètent**
souvent chez les petits commerçants.
Nous **regrettons que** vous **ayez perdu**
votre travail.
Je **trouve important que** les ouvriers
fassent la grève.
Je **suis content que** tu **sortes** avec
ce garçon.

*Im **que**-Satz nach Verben und
Ausdrücken der Gefühlsäußerung.*
*Weitere Beispiele: **aimer que,
adorer que, admirer que, détester
que, avoir honte que, avoir peur
que, craindre que, critiquer que,
déplorer que, s'étonner que, s'in-
quiéter que, se moquer que,***

Je **suis triste qu'**elle **soit** partie.

**trouver bien / mal / important que,
être heureux / satisfait / ravi / fier /
surpris / étonné / désolé / fâché que**

Il faut que tu **fasses** la vaisselle.
Il vaut mieux que tu t'en **ailles**.
C'est une honte qu'on **jette** de la
nourriture.
C'est bizarre qu'il n'**ait** pas **répondu**.
C'est dommage qu'on ne **soit** pas là.

*Im **que**-Satz nach unpersönlichen
Verben und Ausdrücken.
Weitere Beispiele: **il est normal /
nécessaire / bon / mauvais / possible / intéressant / faux / honteux /
triste / juste / injuste / naturel /
utile / inutile / étrange / indispensable / surprenant que, c'est bien /
mal / malheureux / drôle / sensationnel / rare / terrible / nécessaire
que***

Bien qu'elle **aille** mieux maintenant,
la situation reste difficile.
L'Etat dépense plus d'argent **pour que**
l'économie **reprenne**.
J'aimerais voir encore une fois ton bébé
avant que vous vous en **alliez**.

*Nach einer Reihe von Konjunktionen.
Weitere Beispiele: **quoique, sans
que, jusqu'à ce que, en attendant
que, afin que, à condition que,
pourvu que, à supposer que,
à moins que***

 Zu den Konjunktionen siehe Seite 121.

2. Subjonctif-Verwendung mit Wahlmöglichkeiten

Je crois qu'il fera beau demain.
Je **ne crois pas qu'**il **fasse** beau
demain.

*Werden Verben und Ausdrücke des
Denkens und Meinens verneint, so
steht nach **que** meistens der
Subjonctif.
Weitere Beispiele: **espérer que,
penser que, s'imaginer que, se
rappeler que, juger que***

Tu trouves qu'il est méchant ?
Non, je **ne trouve pas qu'**il **soit**
méchant.

J'ai écrit qu'il est imprudent.
Je lui **ai écrit qu'**il **soit** prudent.

*Nach Verben des Sagens und Erklärens
steht der **Subjonctif**, wenn er im
Sinne von „bitten, befehlen" gebraucht
wird (Übersetzung: „... sollen").
Weitere Verben: **crier, faire savoir,
téléphoner***

Dis-lui que je l'attends.
Dis-lui qu'il m'**attende**.

Je cherche un Français qui **sache**
parler le japonais.
Je connais un Français qui sait
parler le japonais.

*In einem Relativsatz steht der **Subjonctif**, wenn ein Wunsch geäußert
wird. Handelt es sich jedoch um eine
Tatsache, so steht das **Présent**.*

75

Madeleine est la femme **la plus** charmante que je **connaisse**.

L'orange est **le seul** fruit qui **soit** bon.

C'est le premier homme qui a mis le pied sur la lune.

*Superlative lassen sich oft nur durch eigene Einschätzungen begründen. In solchen Fällen steht in einem nachfolgenden Relativsatz der **Subjonctif**. Handelt es sich jedoch um eine Tatsache, so steht das **Présent**.*

Subjonctif présent oder Subjonctif passé?

J'ai peur qu'elle **parte** aujourd'hui.
J'ai peur qu'elle **parte** demain.

J'avais peur qu'elle **parte** ce jour-là.
J'avais peur qu'elle **parte** le lendemain.

J'ai peur qu'elle **soit partie** hier.
J'avais peur qu'elle **soit partie** la veille.

Subjonctif présent:
*Die Aussage des **que**-Satzes ist gleichzeitig oder nachzeitig zur Aussage des Hauptsatzes.*

Subjonctif passé:
*Die Aussage des **que**-Satzes ist vorzeitig zur Aussage des Hauptsatzes.*

 *Der deutsche Konjunktiv besitzt andere Verwendungsmöglichkeiten als der **Subjonctif**. Konjunktiv und **Subjonctif** dürfen nicht verwechselt werden!*

Ferme la porte.
Asseyez-vous, s'il vous plaît.
Restons donc encore une heure.

Schließ die Türe!
Setzen Sie sich bitte!
Bleiben wir doch noch eine Stunde!

Bildung des Imperativs

regelmäßige Bildung:

*Die Formen werden abgeleitet
vom **Présent** der:*

Ouvr**e** la porte, s'il te plaît.
Atten**ds** encore un peu.

– *1. Person Singular (**j'ouvre**)*

Ne parl**ez** pas si fort.
Lis**ez** bien les informations.

– *2. Person Plural (**vous parlez**)*

Rentr**ons** tout de suite.

– *1. Person Plural (**nous rentrons**)*

unregelmäßige Bildung:

N'**ayez** pas peur.
Sois sage.
Sachez que le magasin fermera à
   dix-huit heures.

avoir: aie, ayez, ayons
être: sois, soyez, soyons
savoir: sache, sachons, sachez

Gebrauch des Imperativs

Sortez d'ici.

– *Befehl, Aufforderung*

Ne réponds pas à cette lettre.

– *Ratschlag*

Ferme les yeux et **dors** bien.

– *Wunsch*

Donnez-moi encore une escalope.

– *Bitte*

Allons-y.

– *Ermutigung*

*Beim bejahten Imperativ werden die Objektpronomen durch einen Bindestrich an das
Verb angehängt (→ **Asseyez-vous.**), beim verneinten stehen sie wie üblich vor dem
Verb (→ **Ne vous asseyez pas.**). Siehe auch Seite 31.*

si-Satz (Bedingungssatz)

Man unterscheidet drei Arten von **si**-Sätzen.

1. Eine <u>Möglichkeit</u> in Bezug auf die Gegenwart oder Zukunft:

Si vous **êtes** d'accord, **si + Présent**	j'**appelle** ma voisine. **Présent**
Si tu **as** le temps ce soir, **si + Présent**	on **ira** au théâtre. **Futur**

2. Eine <u>Unwahrscheinlichkeit</u> in Bezug auf die Gegenwart oder Zukunft:

Si je **gagnais** au loto, **si + Imparfait**	je m'**achèterais** une voiture de sport. **Conditionnel présent**

3. Eine <u>Unmöglichkeit</u> in Bezug auf die Vergangenheit:

Si j'**avais passé** mon bac, **si + Plus-que-parfait**	j'**aurais fait** des études à l'université. **Conditionnel passé**

Anders als im Deutschen steht in einem **si**-Satz nie das **Futur** oder das **Conditonnel**, wohl aber nach einem **si**, das einen indirekten Fragesatz einleitet.

Bsp.: **Je me demande si mes amis <u>viendront</u>.** (→ Ich frage mich, <u>ob</u> ...)

Mit dem **si**-Satz darf nicht der **quand**-Satz verwechselt werden. Denn hier kann nach einem **quand** ein **Futur** stehen.

Bsp.: **Quand mes amis <u>viendront</u>, nous partirons en vacances.** (→ Sobald ...)

Übersetzen

*Übersetzen Sie die Sätze. Verwenden Sie das **Conditionnel présent** oder das **Conditionnel passé**.*

1. Könnten Sie mir helfen?

   Pourriez-vous m'aider ?
   _____

2. Wir könnten heute Abend ins Kino gehen.

   _____

3. Frage ihn, ob er einverstanden wäre.

   _____

4. Er fragte mich, ob jemand kommen würde.

   _____

5. Ausländische Truppen sollen den Präsidenten ermordet haben.

   _____

6. Falls sie kommen, bereitest du ein Frühstück vor.

   _____

7. Ich hätte einen anderen Beruf erlernen sollen.

   _____

8. Der deutsche Botschafter soll gestorben sein.

   _____

9. Ich könnte ein riesiges Eis essen.

   _____

Erinnern

Setzen Sie die passende Zeit ein.

1. Si vous __*êtes*__ libre ce soir, on ira au restaurant. (être)

2. S'il _____ le permis de conduire, il aurait eu une voiture. (passer)

79

3. Si elle _____ ce soir, on ferait un tour en voiture. (venir)

4. Si tu m' _____ , tu me fais une bise. (aimer)

5. S'il _____ beau demain, on va déjeuner dehors. (faire)

6. Si j'avais 30 ans, je _____ un voyage autour du monde. (faire)

7. Si j'avais eu de l'argent, j'_____ une maison. (acheter)

8. Si j'_____ qu'il était bête, je ne me serais pas mariée avec lui. (savoir)

Ergänzen

*Ergänzen Sie die Sätze mit der passenden Form des **Subjonctif**.*

1. Il ne veut pas apprendre le français.

   Je veux qu' *il apprenne le français* _____ .

2. Elle n'est pas partie.

   Je souhaite qu' _____ .

3. Il ne travaille pas.

   J'exige qu' _____ .

4. L'enfant n'est pas sage.

   J'aimerais qu' _____ .

5. Elle lit beaucoup au lit.

   Je n'aime pas qu' _____ .

6. La phrase n'est pas correcte.

   Je demande que _____ .

7. Il ne pleut plus depuis deux heures.

   C'est surprenant qu' _____ .

8. Elle ne sait pas compter.

   Il est indispensable qu' _____ .

9. Il veut un téléviseur.

   Il est normal qu'il _____ .

10. Elle va en vacances.

Il est nécessaire qu'_____ .

11. Tu n'achètes plus de viande.

Je trouve bien que _____ .

12. Elle ne me tient plus au courant.

Je suis fâché qu'_____ .

13. Il ne boit plus.

Je suis surprise qu'_____ .

14. Tu es contente.

Je ne crois pas que _____ .

15. Tu as mis la table.

Je ne me rappelle pas que _____ .

Entscheiden

*Entscheiden Sie, ob der **Subjonctif** einzusetzen ist.*

1. J'espère que vous _allez_____ bien. (aller)

2. Il dit que vous _____ une faute. (avoir fait)

3. Il est indispensable que tu _____ la leçon. (apprendre)

4. C'est dommage que votre maison n'_____ pas une pièce de plus.
   (avoir)

5. Je crois que M. Dutour _____ en vacances. (être parti)

6. Nous trouvons bien que vous _____ les vacances en Suisse. (passer)

7. Je connais un cinéma qui _____ des réductions aux étudiants tous
   les soirs. (faire)

8. Ce sont les plus belles vacances que nous _____ . (avoir passé)

9. Faut-il que j'_____ chercher un médecin ? (aller)

10. Je veux que tu _____ aux examens. (réussir)

Ordnen

*Weshalb steht in den folgenden Sätzen der **Subjonctif**? Ordnen Sie den Sätzen den richtigen Buchstaben zu.*

____ 1. Je veux que tu saches la vérité.

____ 2. Je cherche une nouvelle voiture qui ne soit pas trop chère.

____ 3. Il trouve bien qu'on ait décidé d'introduire une monnaie unique.

____ 4. Il est injuste que les salariés paient tant d'impôts.

____ 5. Nous restons au café de Paris jusqu'à ce que notre amie revienne.

____ 6. Il faut rentrer avant qu'il fasse nuit.

____ 7. Je ne crois pas qu'elle ait des chances de réussir.

____ 8. Elle a demandé que tu viennes.

____ 9. Notre voiture est la plus belle qu'il y ait dans notre quartier.

a) nach einem unpersönlichen Ausdruck (automatische Verwendung)

b) nach einem Verb des Sagens und Erklärens (keine automatische Verwendung)

c) nach einem Superlativ (keine automatische Verwendung)

d) nach einem Verb der Willensäußerung (automatische Verwendung)

e) in einem Relativsatz (keine automatische Verwendung)

f) nach einem verneinten Verb des Denkens und Meinens (keine automatische Verwendung)

g) nach einer Konjunktion (automatische Verwendung)

h) nach einer Konjunktion (automatische Verwendung)

i) nach einem Verb der Gefühlsäußerung (automatische Verwendung)

 Lösungen siehe Seite 138.

Verben mit Objekt

Je veux **aider Monsieur Dutour**.   *Ich will Herrn Dutour helfen.*
Il a **besoin d'une voiture**.   *Er braucht ein Auto.*

Verben mit direktem Objekt

Direkte Objekte sind Satzergänzungen, die ohne Präposition an das Verb angeschlossen werden. In den meisten Fällen entsprechen sie einem deutschen Akkusativobjekt („Wen?" oder „Was?").

Tu **connais Catherine Deneuve** ?
Oui, je **l'ai rencontrée** l'an dernier.

Tu vois **la vieille dame** avec ses
bagages ?
Tu as raison. Il faut **l'**aider.

Einige Verben haben im Französischen ein direktes Objekt, lösen im Deutschen jedoch einen Dativ („Wem?") aus.
*Beispiele: **aider, croire, écouter, remercier, suivre***

---

*Ein direktes Objekt kann nur durch ein direktes Objektpronomen vertreten werden (z. B. durch **le, la, les**).*

Verben mit einem à-Objekt

*Ein **à**-Objekt entspricht im Deutschen meistens einem Dativobjekt („Wem?").*

Elle **a parlé à Monsieur Dutour** ?
Oui, elle **lui a parlé**.

Tu **as cédé à tes enfants** ?
Oui, mais je ne **leur céderai** plus.

Vous **avez répondu à sa lettre** ?
Non, je **n'y répondrai** jamais.

Einige Verben ziehen im Französischen ein Dativobjekt nach sich, werden aber im Deutschen durch eine andere Konstruktion wiedergegeben.
*Beispiele: **mentir, parler, penser, répondre, téléphoner, s'intéresser, réfléchir***

---

*Ein **à**-Objekt wird bei Personen meistens durch ein indirektes Objektpronomen (z. B. durch **lui** und **leur**), bei Sachen durch **y** vertreten.*
*Ausnahmen: **penser à elle, s'intéresser à lui***

Verben mit einem de-Objekt

*Verben mit **de**-Objekt werden im Deutschen sehr unterschiedlich übersetzt.*

J'**ai besoin de ma femme**.
Tu **rêve** déjà **d'elle** ?

Tu **te souviens du pont du Gard** ?
Oui, je **m'en souviens**.

Vous **jouez de la guitare** ?
Non, je n'**en joue** plus.

*Beispiele für Verben mit **de**-Objekt:*
mourir, profiter, rêver, souffrir,
s'apercevoir, se douter, s'occuper,
se souvenir, s'étonner, se moquer

---

*Ein **de**-Objekt wird bei Sachen durch **en**, bei Personen durch **de** + unverbundenes Personalpronomen (z. B. durch **de lui, d'elle**) ersetzt.*

Verben mit direktem Objekt und à-Objekt

Tu **as prêté cette machine à ta fille** ?
Oui, je **la lui ai prêtée**.

Tu **as demandé de l'argent à ton fils** ?
Non, je ne **lui en ai** pas **demandé**.

*Einige Verben können ein direktes
und ein **à**-Objekt nach sich ziehen.
Beispiele: **acheter, adresser,
apprendre, conseiller, dire, écrire,
enseigner, enlever, expliquer,
interdire, montrer, présenter,
promettre, raconter, rappeler,
recommander, refuser, répondre,
reprocher, répéter***

Verben mit direktem Objekt und de-Objekt

Tu as **appris la nouvelle de ta femme** ?
Oui, je l'ai **apprise d'elle**.

Vous allez **féliciter votre fils de son
examen** ?
Oui, je vais l'**en féliciter** prochainement.

*Einige Verben können sowohl ein direktes als auch ein **de**-Objekt haben.
Beispiele: **avertir, débarrasser,
équiper, prévenir, priver, remercier, obtenir, recevoir, savoir***

 Zu den Objekt- und Adverbialpronomen siehe Seite 24 bis 31.

Reflexive Verben

L'entreprise **s'est installée** en Alsace. | Das Unternehmen hat sich im Elsass niedergelassen.

Ils **se promènent** dans le parc. | Sie gehen im Park spazieren.

Verben mit reflexiver und nicht reflexiver Form

Je **vais appeler** mon copain.
Il **s'appelle** Gérard.
Elle **baigne** son bébé.
Je **me baigne** dans la mer.

Einige Verben besitzen reflexive und nicht reflexive Formen mit unterschiedlichen Entsprechungen im Deutschen.

Weitere Beispiele:

arrêter *(verhaften; aufhören)*	– **s'arrêter** *(stehen bleiben)*
attendre *(erwarten)*	– **s'attendre à** *(gefasst sein auf)*
coucher *(hinlegen)*	– **se coucher** *(zu Bett gehen)*
douter de *(bezweifeln)*	– **se douter de** *(ahnen)*
éteindre *(ausmachen)*	– **s'éteindre** *(ausgehen, erlöschen)*
lever *(hochheben)*	– **se lever** *(aufstehen)*
marier *(verheiraten)*	– **se marier** *(heiraten)*
promener *(spazieren führen)*	– **se promener** *(spazieren gehen)*
rappeler *(zurückrufen)*	**se rappeler** *(sich erinnern)*
réveiller *(wecken)*	– **se réveiller** *(aufwachen)*
tromper *(betrügen)*	– **se tromper** *(sich irren)*

Verben mit nur reflexiver Form

Les enfants **se taisent**.
Le prisonnier **s'est enfui**.
Dépêche-toi.

*Diese Verben kommen nur in reflexiver Form vor: **s'en aller, s'enfuir, s'envoler, s'évanouir, se méfier de, se moquer de, se soucier de, se souvenir de, se taire**.*

Verben mit nicht reflexiver Form – im Deutschen reflexiv

Ma cousine a beaucoup changé.
La terre tourne, mais la lune ne tourne pas.
Ne bouge pas, il y a une mouche.

*Diese Verben sind nicht reflexiv, haben aber im Deutschen eine reflexive Entsprechung: **avoir honte, bouger, changer, divorcer, diminuer, évoluer, séjourner, tourner**.*

 Zur Veränderlichkeit der reflexiven Verben siehe Seite 54.
Zu den Reflexivpronomen siehe Seite 27.
Zur Stellung der Pronomen siehe Seite 30.

Il pleut depuis deux jours.	*Es regnet seit zwei Tagen.*
Il paraît que les ministres se disputent de plus en plus.	*Man sagt, dass sich die Minister immer mehr streiten.*
Il faut que les lettres soient correctes.	*Die Briefe müssen korrekt sein.*

*Ein unpersönliches **il** entspricht im Deutschen „es". Dies ist aber nicht die einzige Übersetzungsmöglichkeit.*

Weitere Beispiele:

Il neige. / Il grêle.	*Es schneit. / Es hagelt.*
Il fait beau/mauvais (temps).	*Es ist gutes / schlechtes Wetter.*
Il faut que je parte bientôt.	*Ich muss bald gehen.*
Il ne faut pas que tu fumes.	*Du sollst nicht rauchen.*
Allez les enfants, **il faut partir.**	*Auf Kinder, wir müssen gehen.*
Il faut un million de francs pour restaurer l'église.	*Man benötigt eine Million Francs, um die Kirche zu restaurieren.*
Il me faut trois escalopes.	*Ich brauche drei Schnitzel.*
Il y a des gens malheureux.	*Es gibt unglückliche Menschen.*
Il paraît qu'on va doubler les impôts.	*Man sagt, dass die Steuern verdoppelt werden.*
Il me paraît évident que l'homme atteindra une autre planète.	*Es scheint mir sicher, dass der Mensch einen anderen Planeten erreichen wird.*
Il semble que le président ne se présentera pas aux prochaines élections.	*Es scheint, dass der Präsident bei den nächsten Wahlen nicht kandidieren wird.*
Il me semble que je ne vais pas réussir aux examens.	*Ich glaube, dass ich die Prüfungen nicht bestehen werde.*

Unpersönliche Wendungen im Deutschen ohne unpersönliche Entsprechung im Französischen

Im Französischen gibt es sehr viel weniger unpersönliche Wendungen als im Deutschen.

Beispiele:

Je vais bien / mal.	*Mir geht es gut / schlecht.*
J'ai froid / chaud.	*Mir ist es kalt / warm.*
Je suis fâché qu'elle parte.	*Es ärgert mich, dass sie geht.*
Je me plais beaucoup en Bretagne.	*In der Bretagne gefällt es mir gut.*
On frappe (à la porte).	*Es klopft (an der Tür).*
Je suis désolée que tu aies perdu ton travail.	*Es tut mir Leid, dass du deine Arbeit verloren hast.*

Passiv und Passiversatz

La tour Eiffel **a été construite par** Gustave Eiffel.
Cette pièce **se lit** facilement.
A Jersey, **on parle** surtout l'anglais.

Le criminel **s'est fait arrêter**.

Der Eiffelturm ist von Gustave Eiffel erbaut worden.
Dieses Stück liest sich leicht.
Auf Jersey wird vor allem Englisch gesprochen.

Der Verbrecher ist verhaftet worden.

Bildung des Passivs

Michel **conduit** une voiture.
Les Allemands **ont détruit** la ville.
L'employé **fermera** la porte à 6 heures.

*Diese drei Beispielsätze sind typische Aktivsätze mit den Satzteilen: Subjekt (**Michel**), Verb (**conduit**) und Objekt (**une voiture**).*

La voiture **est conduite par** Michel.
La ville **a été détruite par** les Allemands.
La porte **sera fermée** à 6 heures (par l'employé).

*In typischen Passivsätzen werden die Satzteile der Aktivsätze vertauscht. Das Verb setzt sich immer aus **être** + **Partizip Perfekt** zusammen und ist, wie bei **être** üblich, veränderlich. Der Urheber (falls er erwähnt werden soll) wird mit **par** angeschlossen.*

Das Passiv ist im Französischen weit weniger üblich als im Deutschen. Es können nur Verben mit direkten Objekten ein Passiv bilden. Außerdem gehört das Passiv der geschriebenen Sprache an. Der Passiversatz spielt deshalb eine wichtige Rolle.

Passiversatz

Dans beaucoup de pays anglophones, **on roule** à gauche.
On a décidé d'augmenter la T.V.A.

*Die Umschreibung mit dem unpersönlichen **on** ist notwendig, um ein Passiv ohne Subjekt zum Ausdruck zu bringen. Sie ist in der Umgangssprache sehr beliebt.*

Les cigarettes **se vendent** surtout dans les bureaux de tabac.
Le pastis **se boit** avec de l'eau et des glaçons.

Diese Umschreibung mit einem reflexiven Verb ist vor allem dann sinnvoll, wenn der Urheber nicht genannt wird und wenn es sich um eine Sache handelt.

Il **s'est fait voler** ses papiers.
Elle **se fait offrir** un cadeau.
Elle **s'est fait faire** une permanente.

Se faire + *Infinitiv kann nur auf Menschen bezogen werden.*

87

oui, non, si

Tu as envie d'aller au cinéma ? – **Oui**.	*Hast du Lust ins Kino zu gehen? – Ja.*
Tu n'aimes **pas** la viande ? – **Non**.	*Magst du kein Fleisch? – Nein.*
Tu **ne** vas **pas** en vacances ? – **Si**.	*Fährst du nicht in Ferien? – Doch.*

*Die Antwort auf eine verneinende Frage lautet **non**, wenn man dem Fragenden zustimmt, und **si**, wenn man ihm widerspricht.*

ne… pas, ne… plus, ne… jamais, ne… rien, ne… personne, ne… aucun

Je **ne** veux **pas** aller au cinéma.	*Ich will <u>nicht</u> ins Kino gehen.*
Elle **ne** l'aime **plus**.	*Sie liebt ihn <u>nicht mehr.</u>*
Ils **ne** sont **jamais** partis en vacances.	*Sie sind <u>nie</u> in Ferien gefahren.*
On **n**'a **rien** mangé.	*Wir haben <u>nichts</u> gegessen.*
Tu **n**'as vu **personne** ?	*Hast du <u>niemand</u> gesehen?*
Jusqu'à présent, il **n**'a eu **aucun** accident.	*Bis jetzt hatte er noch <u>keinen</u> Unfall.*
Il **ne** connaît **aucune** fille.	*Er kennt <u>überhaupt kein</u> Mädchen.*

Stellung der Verneinungen

Il **ne** boit **pas**.	***Ne… pas, ne… plus, ne… jamais***
Il **ne** buvait **pas**.	*und **ne… rien** umschließen das*
Il **ne** boira **pas**.	*konjugierte Verb (**boit, a, va, veut***
Il **n**'a **pas** bu.	*etc.) wie ein „Sandwich": **ne** steht*
Il **ne** va **pas** boire.	*davor, **pas / plus / jamais / rien** direkt*
Il **ne** veut **pas** boire.	*danach.*
Ne buvez **pas**.	
Il **n**'en a **pas** bu.	*Pronomen stehen zwischen **ne***
Je **ne** lui ai **plus** parlé.	*und dem konjugierten Verb*
Elle **ne** m'a **jamais** pardonné.	*(siehe auch Seite 30).*
Ils **ne** leur ont **rien** fait.	
Je **ne** vois **personne**.	*Bei zusammengesetzten Zeiten steht*
Nous **n**'avons vu **personne**.	***personne** oder **aucun** erst nach dem*
Il **n**'a trouvé **aucun** logement.	*Partizip Perfekt.*

Je n'en ai rien dit pour **ne pas** vous vexer.
Elle a l'intention de **ne plus** le voir.
Il espère **ne jamais** la revoir.

Die Verneinungen stehen direkt vor einem verneinten Infinitiv bzw. vor dessen Objektpronomen.

Je pense **ne** voir **personne**.
Il a peur de **ne** trouver **aucune** place.

*Auch bei einem verneinten Infinitiv nehmen **personne** und **aucun** eine Sonderstellung ein.*

Il **ne** parle **à personne**.
Elle **ne** pense **à rien**.
Il **ne** parle **à aucune** fille.
Je **n**'ai besoin **de rien**.

Personne, rien und aucun können auch indirektes Objekt sein. Sie stehen dann nach der Präposition à bzw. de.

Rien ne me manque.
Personne ne le sait.
Aucun ne lui téléphone.

Rien, personne und aucun stehen am Satzanfang, wenn sie Subjekt des Satzes sind.

Verneinung von Nomen

Il **ne** boit **pas** d'alcool.
Elle **n**'a **jamais** mangé **de** pommes.

Pas verhält sich wie eine Mengenangabe: Es folgt nicht der volle Artikel, sondern nur de (siehe auch Seite 15).

Ce **n'est pas une** orange, c'est une clémentine.
Ce **n'est pas du** jus mais du vin.

Bei être wird nicht das Nomen, sondern das Verb verneint, so dass hier der volle Artikel steht.

Il **n**'aime **pas** la viande.
Je **ne** déteste **plus** les fruits.

Nach Verben wie aimer, adorer, détester steht in bejahten wie in verneinten Sätzen der volle Artikel.

Kombinierte Verneinungen

Elle **ne** parlera **plus jamais** à ses parents.

Sie wird nie mehr mit ihren Eltern sprechen.

Il **n**'a **plus rien** dit.
Elle **n**'a **plus vu** personne.

Er hat nichts mehr gesagt.
Sie hat niemand mehr gesehen.

Les professeurs **ne** sont **pas toujours** mauvais.
Elle **n**'a **toujours pas** appris le français.

Lehrer sind nicht immer schlecht.
Sie hat immer noch nicht Französisch gelernt.

Elle **n**'a **toujours rien** reçu.
Je **n**'ai **toujours** reçu **aucune** nouvelle.

Sie hat immer noch nichts erhalten.
Ich habe immer noch keine Nachricht erhalten.

Je **ne** suis **pas encore** allée en France.

Ich bin immer noch nicht nach Frankreich gefahren.

In einigen Fällen wird im Deutschen **rien, personne** und **jamais** mit „etwas",
„jemand" und „jemals" wiedergegeben:

Il n'a jamais **rien** dit de pareil.
Er hat nie <u>so etwas</u> gesagt.

Je n'ai jamais fait de mal **à personne**.
Ich habe nie <u>jemandem</u> weh getan.

Personne ne saura **jamais** comment
il est mort.
Niemand wird <u>jemals</u> erfahren,
wie er gestorben ist.

Il est parti sans **rien** manger.
Er ist weggegangen, ohne <u>etwas</u>
zu essen.

Il s'est acheté une voiture sans demander
à personne.
Er hat sich ein Auto gekauft, ohne
<u>jemanden</u> zu fragen.

du tout, non plus

Ne... pas / rien / plus können durch **du tout** verstärkt werden:

Je **n**'ai **pas du tout** envie d'aller
au cinéma.
Ich habe <u>überhaupt keine</u> Lust ins Kino
zu gehen.

Il y a trois ans, il **ne** buvait **plus du tout**.
Vor drei Jahren hat er überhaupt <u>nicht</u>
<u>mehr</u> getrunken.

L'été dernier, il **n**'a **rien** fait **du tout**.
Letzten Sommer hat er <u>überhaupt</u>
<u>nichts</u> getan.

Die Verneinung zu **aussi** heißt **non plus**.

Moi, je **n**'irai **pas** à la fête.
Ich gehe nicht auf das Fest.

Et moi, je n'irai **pas non plus**.
Und ich gehe <u>auch nicht</u>.

Elle **n**'a **rien** remarqué.
Sie hat nichts bemerkt.

Lui non plus, il **n**'a **rien** remarqué.
Und er, er hat <u>auch nichts</u> bemerkt.

ne... que, seulement

Je **ne** bois **que** de l'eau.
Je bois **seulement** de l'eau.
Elle **n**'a **que** quinze ans.
Elle a **seulement** quinze ans.

Ne... que und **seulement** sind in den
meisten Fällen austauschbar.
Die deutsche Übersetzung lautet „nur"
oder „erst".

Il a **seulement** dit qu'elle était partie.

*Steht nach **seulement** + Verb ein Nebensatz, der durch **que** eingeleitet wird, so kann **seulement** nicht durch **ne... que** ersetzt werden.*

ne... ni... ni

Il **n**'est **ni** beau **ni** intelligent.
Il **ne** sait **ni** lire **ni** écrire.
Ni le cinéma **ni** le théâtre **ne**
l'intéressent.

***Ni... ni** entspricht dem deutschen „weder ... noch". **Ni... ni** kann vor Adjektiven, vor Nomen oder vor Infinitiven stehen.*

Entraînez-vous

Beantworten Sie die Sätze, indem Sie sie verneinen.

1. Voulez-vous prendre un café ?

   Non, *je ne veux pas prendre de café* _____.

2. Tu as mangé un sandwich ?

   Non, _____.

3. Tu veux boire quelque chose ?

   Non, _____.

4. Tu as déjà parlé à ton professeur ?

   Non, _____.

5. Tu vas inviter quelqu'un pour ce soir ?

   Non, _____.

6. Tu as vu quelque chose ?

   Non, _____.

7. Tu manges de la viande ?

   Non, _____.

8. C'est ton ami ?

   Non, _____.

9. Vous adorez la musique ?

   Non, _____.

10. Il te manque quelque chose ?

    Non, _____.

11. Tu feras encore un voyage ?

    Non, _____.

12. Vous avez vu Barbara ou Michel ?

    Non, _____.

13. C'est du fromage ?

    Non, _____ .

14. Il a dit encore quelque chose ?

    Non, _____ .

15. Est-ce qu'il a enfin trouvé une femme ?

    Non, _____ .

16. Est-ce qu'elle n'a pas encore parlé à ses parents ?

    Non, _____ .

17. Est-ce qu'elle a parlé encore à quelqu'un ?

    Non, _____ .

18. Est-ce que vous regardez toujours la télé ?

    Non, _____ .

19. Tu as déjà passé ton permis de conduire ?

    Non, _____ .

20. Christine ne viendra pas. Et toi, tu viendras ?

    Non, _____ .

Kombinieren

Finden Sie die passende Antwort.

1. Tu as déjà écrit à ton amie ?
2. Est-ce que tu vas à Paris ?
3. Tu as acheté quelque chose pour ce soir ?
4. Tu as écrit ce poème ?
5. Tu as vu quelqu'un dans la rue ?
6. Est-ce qu'elle a dit encore quelque chose ?
7. Tu manges de la viande ?
8. Est-ce qu'elle a changé ?

a) Non, je n'ai rien acheté.
b) Non, elle n'a plus rien dit.
c) Non, je ne lui ai pas encore écrit.
d) Non, je n'ai vu personne.
e) Non, elle n'a pas du tout changé.
f) Non, je n'en mange plus.
g) Non, je n'y vais pas.
h) Non, pas celui-ci.

Siehe auch Übung „Umformen" auf Seite 66 und „Antworten und Ersetzen" auf Seite 39.
Lösungen siehe Seite 139.

C'est un **bel** hôtel.	Es ist ein schönes Hotel.
Voilà un livre **utile**.	Hier ist ein nützliches Buch.
Je veux m'acheter des chaussures **bleues**.	Ich will mir blaue Schuhe kaufen.
Elle a vraiment de **belles** dents.	Sie hat wirklich schöne Zähne.
C'est mon **ancienne** maison.	Das ist mein ehemaliges Haus.
On a acheté une maison **ancienne**.	Wir haben ein altes Haus gekauft.

1. Maskuline und feminine Adjektive

Das Adjektiv stimmt mit dem dazugehörigen Nomen in Geschlecht und Zahl überein. In einigen Fällen hat das maskuline Adjektiv die gleiche Form wie das feminine, meistens sind sie aber verschieden.

Grundregeln:

Il est **petit**.
Elle est **petite**.

un rôle **important**
une question **importante**

un **mauvais** acteur
la **mauvaise** route

un fromage **français**
la langue **française**

un auteur **américain**
une actrice **américaine**

un travail **difficile**
une opération **difficile**

du vin **ordinaire**
une personne **ordinaire**

un fromage **suisse**
la Confédération **suisse**

*Die feminine Form wird gebildet, indem man ein **-e** an die maskuline Form anhängt. Dies ist die 1. Grundregel zur Bildung der femininen Form.*
*Beispiele: **joli, poli, nu, vrai, amical, commercial, spécial, clair, extérieur, direct, strict, suspect, droit, étroit, froid, étonnant, intelligent, chaud, laid, blond, profond, grand, allemand, espagnol, anglais, japonais, chinois***

*Endet die maskuline Form bereits auf **-e**, dann wird die feminine Form nicht weiter verändert (2. Grundregel).*
*Beispiele: **belge, égoïste, facile, géométrique, lisible, pauvre, pittoresque, rare, réalisable, rougeâtre, russe, sévère***

Sonderregeln:

-c → -que :
un jardin **public**
l'opinion **publique**

Beispiele: **turc – turque,**
grec – grecque

-eur → -eure :
un escalier **extérieur**
une serrure **extérieure**

Beispiele: **meilleur – meilleure,**
antérieur – antérieure, intérieur –
intérieure, majeur – majeure

-eur → -euse :
un aspect **trompeur**
une apparence **trompeuse**

Beispiele: **menteur – menteuse,**
prometteur – prometteuse,
rêveur – rêveuse

-teur → -trice :
un député **conservateur**
une politique **conservatrice**

Beispiele: **créateur – créatrice,**
destructeur – destructrice,
moteur – motrice

-f → -ve :
un pont **neuf**
une idée **neuve**

Beispiele: **actif – active, vif – vive,**
juif – juive, naïf – naïve,
bref – brève

-el → -elle ; -eil → -eille :
un teint **naturel**
de l'eau minérale **naturelle**

en **pareil** cas
à **pareille** heure

Beispiele: **réel – réelle, tel – telle,**
cruel – cruelle, individuel –
individuelle, vermeil – vermeille
Aber: Adjektive auf **-al** und **-il**:
normale Ableitung gemäß
1. Grundregel:
amical – amicale, civil – civile

-en → -enne ; -on → -onne :
un meuble **ancien**
une amitié **ancienne**

un **bon** résultat
une **bonne** excuse

Beispiele: **moyen – moyenne,**
européen – européenne,
breton – bretonne,
piéton – piétonne

-er → -ère :
un vin **léger**
une matière **légère**

Beispiele: **premier – première,**
amer – amère, cher – chère,
fier – fière, régulier – régulière

-et → -ette :
un film **muet**
une femme **muette**

Beispiele: **coquet – coquette,**
net – nette

-et → -ète :
un train **complet**
une œuvre **complète**

Nur bei: **complet – complète, concret – concrète, discret – discrète, inquiet – inquiète, secret – secrète**

-s → -se :
un costume **gris**
une robe **grise**

Normale Ableitung gemäß 1. Grundregel

-s → -sse :
le foie **gras**
la matière **grasse**

Besondere Ableitung bei: **bas – basse, épais – épaisse, exprès – expresse, gras – grasse, gros – grosse, las – lasse,** *Aber:* **frais – fraîche**

-x → -se :
un chemin **dangereux**
une zone **dangereuse**

Beispiele: **curieux – curieuse, jaloux – jalouse** *Aber:* **doux – douce, faux – fausse, roux – rousse**

Ausnahmen:

du pain **blanc**
la chaire **blanche**

un vent **frais**
une cave **fraîche**

blanc – blanche, franc – franche, frais – fraîche, doux – douce, faux – fausse, roux – rousse, long – longue, gentil – gentille, favori – favorite, sec – sèche, sot – sotte, paysan – paysanne, aigu – aiguë

Adjektive mit zwei maskulinen Formen:

un **beau** studio
un **bel** appartement
un appartement **beau** et pas cher
une **belle** maison

un **vieux** monsieur
un **vieil** homme
un homme **vieux** et malade
une **vieille** femme

*Drei maskuline Adjektive haben im Singular eine zweite Form, die vor Nomen mit Vokal oder **h** steht. Wird das Adjektiv nachgestellt, erscheint wieder die normale maskuline Form.*

– beau, bel – belle
– nouveau, nouvel – nouvelle
– vieux, vieil – vieille

2. Pluralbildung

Es gelten die gleichen Regeln wie für die Pluralbildung der Nomen (vgl. S. 10).

un grand appartement de grand**s** appartement**s** une grand**e** maison de grand**es** maison**s**	*Der Plural der Adjektive lautet normalerweise auf **-s** (Grundregel).* *Beispiele:* **petit – petits, petite – petites;** **difficile – difficiles;** **turc – turcs, turque – turques;** **blanc – blancs, blanche – blanches**
un signe amic**al** des signes amic**aux** une voix amicale des voix amicales	*Maskuline Adjektive auf **-al** oder **-eau** bilden den Plural auf **-aux** bzw. **-eaux**.* *Beispiele:* **génial – géniaux, géniale –**
un b**eau** studio de b**eaux** studios une belle maison de belles maisons un **bel** appartement de b**eaux** appartements	**géniales;** **beau – beaux, belle – belles** *Aber: Die maskulinen Formen* **banal, fatal, final** *und* **naval** *bilden die Pluralform regelmäßig auf **-als**.*
un gro**s** chien de gro**s** chiens une grosse valise de grosses valises	*Maskuline Singularformen auf **-s** und **-x** werden im Plural nicht verändert.* *Beispiele:* **gris – gris, grise – grises;**
un chemin dangereu**x** des chemins dangereu**x** une zone dangereuse des zones dangereuses	**doux – doux, douce – douces**
un gros chien **de** gros chiens	*Steht das Adjektiv vor dem Nomen, so heißt der unbestimmte Artikel im Plural **de**. In der Umgangssprache wird jedoch schon oft **des** benützt.*

3. Besonderheiten bei der Angleichung des Adjektivs

Unveränderliche Adjektive:

un pantalon **azur**
des pantalons **azur**
une robe **azur**
des robes **azur**

Nomen, die als Adjektiv gebraucht werden, sind unveränderlich.
*Beispiele: **abricot, aubergine, azur, cerise, citron, kaki, marron, olive, orange, paille, chic, snob, bon marché***

Zusammengesetzte Adjektive:

un enfant **sourd-muet**
une fille **sourde-muette**
des enfants **sourds-muets**
des femmes **sourdes-muettes**

Werden zwei Adjektive durch Bindestrich zusammengesetzt (Adjektiv + Adjektiv), so werden beide verändert (Grundregel).
*Beispiele: **social-démocrate, chrétien-démocrate, libéral-démocrate***

un film **franco-allemand**
l'amitié **franco-allemande**
des films **franco-allemands**
les relations **franco-allemandes**

un pays **sous-développé**
les pays **sous-développés**
une région **sous-développée**
des régions **sous-développées**

*Endet das erste der beiden zusammengesetzten Adjektive auf **-o** oder bezeichnet es eine Himmelsrichtung, so wird es nicht verändert. Die gleiche Regel gilt für Zusammensetzungen, bei denen der erste Teil eine Präposition ist.*
*Beispiele: **germano-français, nord-américain, sud-africain, avant-dernier***

un pantalon **bleu ciel**
des pantalons **bleu ciel**
une chemise **bleu ciel**
des chemises **bleu ciel**

Farbadjektive sind unveränderlich, wenn sie aus mehreren Wörtern bestehen.
*Beispiele: **bleu marine, bleu vert, bleu clair, bleu foncé***

le **demi**-monde
une **demi**-heure
un **nouveau**-né
des **nouveau**-nés

***Demi**, **nu** und **nouveau** bleiben unverändert, wenn sie vor dem Nomen stehen und mit diesem durch Bindestrich verbunden sind.*

le **grand**-père
les **grands**-pères
la **grand**-mère
les **grands**-mères

***Grand** hat keine feminine Form, wenn es durch Bindestrich dem Nomen vorangestellt ist (im Plural trägt es aber ein -**s**!).*
*Beispiele: **ne... pas grand-chose, grand-tante – grands-tantes***

4. Verwendungsmöglichkeiten

Il est **vieux**.
Elle est **vieille**.
Ils sont **vieux**.
Elles sont **vieilles**.

*Das Adjektiv kann wie im Deutschen mit **être** verbunden werden. Es bezieht sich dann auf das <u>Subjekt</u> und richtet sich in Geschlecht und Zahl nach diesem.*

Il est devenu **vieux**.
Elle est devenue **vieille**.
Les jours me semblent **courts**.
Les hommes demeurent **libres**.
Ils sont restés **seuls**.
Elle fait **vieille**.

*Folgende Verben haben die gleiche Funktion wie **être**, das Adjektiv bezieht sich also auch auf das <u>Subjekt</u>: **devenir, demeurer, rester, paraître, sembler, faire** (in der Bedeutung von „wirken").*

Il **le** trouve **beau**.
Il **la** trouve **belle**.
Je **les** crois **partis**.
Vous pouvez **vous** estimer **heureux**.
Elle **se** dit **intelligente**.
Elle **se** prétend **jeune**.
Ils **se** sentent **seuls**.

*Bezieht sich ein Adjektiv auf ein <u>direktes Objekt</u>, so richtet es sich in Geschlecht und Zahl nach diesem. Dies ist der Fall bei diesen Verben: **trouver, croire, estimer, juger, déclarer, se dire, se prétendre, se sentir, se montrer, s'avérer, rendre, avoir l'air**.*

Il a acheté un **grand appartement**.
Il a acheté une **grande maison**.

Il a acheté un **costume gris**.
Il a acheté une **cravate noire**.

Das Adjektiv kann sich auch, unabhängig von einem Verb, direkt auf ein Nomen beziehen, nach dem es sich dann richtet. In solchen Fällen stellt sich die Frage, ob das Adjektiv vor oder nach dem Nomen steht.

5. Voranstellung oder Nachstellung des Adjektivs bei Nomen

Nachstellung:

Die meisten Adjektive werden nachgestellt. Hierzu gehören Adjektive, die folgende Eigenschaften bezeichnen:

une voiture **rouge**
des cheveux **blonds**
une table **ronde**
une maison **neuve**

– *Farben, Formen, Aussehen*

un climat **sec**
une valise **lourde**

– *physische Eigenschaften*

une femme **mince**
un homme **sage**

– *körperliche, seelische oder geistige Eigenschaften von Lebewesen*

l'économie **française** la situation **actuelle**	– *Nationalität, Religion, Wirtschaft,* *Politik, Soziales, Kultur*
les pays **nordiques** un rapport **annuel**	– *Geographie, Zeit*
un chemin **barré** un travail **fatigant**	– *adjektivisch gebrauchte* *Partizipien*
un but **irréalisable** une lettre **illisible**	– *mehrsilbige Adjektive*

Voranstellung:

un **petit** jardin une **bonne** nouvelle une **mauvaise** surprise une **jolie** fille une **meilleure** idée	*Nur wenige, <u>kurze</u> Adjektive stehen* *meist vor dem Nomen. Dazu gehören:* **bon, petit, mauvais, beau, joli,** **vieux, gros, bref, haut, bas,** **meilleur, moindre.**

Nach- oder Voranstellung:

Einige häufig gebrauchte Adjektive haben je nach Stellung unterschiedliche Bedeu-
tung. (V = „Bedeutung des vorangestellten Adjektivs", N = „Bedeutung des nachgestellten Adjektivs")

une **ancienne** amie une ville **ancienne**	*V: ehemalig* *N: alt*
une **brave** femme une femme **brave**	*V: anständig* *N: tapfer*
un **certain** Michel une date **certaine**	*V: gewisser* *N: sicher*
cher ami des chaussures **chères**	*V: Lieber …* *N: teuer*
un **court** séjour une jupe **courte**	*V: kurz (zeitlich)* *N: kurz (räumlich)*
le **dernier** visiteur la semaine **dernière**	*V: letzter* *N: vorige*
un **grand** homme un homme **grand**	*V: bedeutend* *N: groß*
un **jeune** homme un homme **jeune**	*V: jung* *N: jugendlich*

une **longue** maladie	*V: lang (zeitlich)*
une robe **longue**	*N: lang (räumlich)*
une **nouvelle** voiture	*V: neu, anderes*
une voiture **nouvelle**	*N: neu (fabrikneu!)*
une **pauvre** fille	*V: bedauernswert*
une fille **pauvre**	*N: arm, mittellos*
mes **propres** paroles	*V: eigen*
une assiette **propre**	*N: sauber*
un **rare** esprit	*V: außergewöhnlich*
une plante **rare**	*N: selten*
un **sacré** menteur	*V: verflucht*
les livres **sacrés**	*N: heilig*
Saint-Michel	*V: Heiliger + Vorname*
l'Histoire **sainte**	*N: heilig*
un **sale** travail	*V: übel, Sau... („Sauarbeit")*
des mains **sales**	*N: schmutzig*
le **seul** ami	*V: einzig*
un homme **seul**	*N: einsam, allein stehend*
vêtu d'un **simple** pull	*V: bloß mit*
un homme **simple**	*N: einfach*
un **triste** état	*V: kümmerlich*
une histoire **triste**	*N: traurig*
du **vrai** bois	*V: richtig, echt (und nicht falsch)*
une histoire **vraie**	*N: wahr (und nicht erfunden)*

Stellung von zwei Adjektiven:

un **mauvais** auteur **américain**	*Beide Adjektive können den Platz behalten, den sie auch einzeln haben. Stehen jedoch zwei Adjektive vor oder nach dem Nomen, so werden sie mit **et** verbunden.*
une **grande et belle** femme	
un hôtel **tranquille et confortable**	
une femme **grande et belle**	*Beide Adjektive können auch nachgestellt werden, selbst wenn sie einzeln vorangestellt würden. Auch in diesem Fall müssen sie mit **et** verbunden werden.*
une maison **grande et luxueuse**	
un travail **mauvais et difficile**	

6. Steigerung

La chemise bleue est **aussi chère que** la chemise verte.	Das blaue Hemd ist genauso teuer wie das grüne Hemd.
Le jean rouge est **plus cher que** le jean jaune.	Die rote Jeans ist teurer als die gelbe Jeans.
Le tee-shirt noir est **moins cher que** le tee-shirt blanc.	Das schwarze T-Shirt ist billiger als das weiße T-Shirt.
La chemise kaki est **la plus chère**.	Das kakifarbene Hemd ist am teuersten.
Le jean orange est **le moins cher**.	Die orangefarbene Jeans ist am billigsten.

Der Komparativ wird gebildet aus:

Michel est **aussi grand que** Paul. Emma est **aussi sportive qu'**Anne.	– **aussi** + Adjektiv + **que** *(zum Ausdruck der Gleichheit)*
Eric est **plus grand que** Pierre. Annick est **plus sportive qu'**Alain.	– **plus** + Adjektiv + **que** *(zum Ausdruck der „Überlegenheit")*
Pierre est **moins grand qu'**Eric. Alain est **moins sportif qu'**Annick.	– **moins** + Adjektiv + **que** *(zum Ausdruck der „Unterlegenheit")*

Der Superlativ wird gebildet aus:

Quel est la fille **la plus sportive** ? Annick est la fille **la plus sportive**.	– **le / la / les plus** + Adjektiv *(zum Ausdruck der „Überlegenheit")*
Quel est le garçon **le moins grand** ? Pierre est **le moins grand**.	– **le / la / les moins** + Adjektiv *(zum Ausdruck der „Unterlegenheit")*

*Die Adjektive **bon**, **mauvais** („schlimm") und **petit** („gering") haben unregelmäßige Steigerungsformen:*

Ce vin est **bon**. Celui-ci est **meilleur** (que l'autre). Et celui-là est **le meilleur** de tous. **Mes meilleurs** vœux !	**bon(s), meilleur(s), le / les meilleur(s) bonne(s), meilleure(s), la / les meilleure(s)**
Cet homme est **mauvais**. Les hommes sont **pires que** les femmes. Le travail est **la pire des choses**.	**mauvais, pire(s), le / les pire(s) mauvaise(s), pire(s), la / les pire(s)**
Voilà ses **petits** problèmes. Aujourd'hui, ses problèmes sont **moindres** qu'ils ne l'étaient hier. Et demain, il va nous expliquer **les moindres détails** de ses problèmes.	**petit(s), moindre(s), le / les moindre(s) petite(s), moindre(s), la / les moindre(s)**

mauvais *im Sinne von „schlecht" oder **petit** im Sinne von „klein" werden regelmäßig mit **plus** gesteigert.*

Il travaille **sérieusement**.	*Er arbeitet gewissenhaft.*
Il travaille **très sérieusement**.	*Er arbeitet sehr gewissenhaft.*
Il est **sérieusement** malade.	*Er ist ernsthaft krank.*
Il parle **bien** le français.	*Er spricht gut Französisch.*
Il va **trop vite**.	*Er fährt zu schnell.*

1. Gebrauch des Adverbs

Elle est courageuse. Ils sont rapides. Elle est devenue vieille.	*Bei **être** und einer kleinen Reihe anderer Verben (siehe Seite 99) steht das Adjektiv.*
Elle travaille **courageusement**. Ils sont partis **rapidement**. Elle mange **bien**.	*Hier wird ein Verb näher bestimmt. Es steht somit ein Adverb, das sich der Form nach vom Adjektiv unterscheidet.*
C'est **extrêmement** simple. Elle est **sérieusement** blessée. Elle est **très** contente.	*Bei diesen Fällen ergänzt das Adverb ein Adjektiv.*
Elle mange **très** lentement. J'y suis allé **assez** régulièrement. Ils boivent **beaucoup** trop.	*Das Adverb ergänzt hier ein weiteres Adverb (**lentement, régulièrement, trop**).*

*Im Französischen muss man zwischen Adjektiv und Adverb unterscheiden, denn sie besitzen verschiedene Formen. Französische Adverbien haben entweder die Endung **-ment** oder eine besondere Form, die sich von dem dazugehörigen Adjektiv unterscheidet.*

2. Bildung der Adverbien auf -ment

Grundregeln:

heureux, -euse	→ **heureusement**	*Man hängt an die feminine Form des Adjektivs die Endung **-ment** an.*
rare	→ **rarement**	
complet, -ète	→ **complètement**	
profond, e	→ **profondément**	*Einige Adjektive auf **-e** bilden das Adverb auf **-ément**.*
énorme	→ **énormément**	*<u>Ebenso:</u> **assurément, communément, conformément, forcément, intensément** u. a.*
précis, e	→ **précisément**	

vrai, e	→ **vraiment**	
absolu, e	→ **absolument**	
poli, e	→ **poliment**	

*Bei einigen Adjektiven, deren maskuline Form auf Vokal endet, entfällt beim Adverb das **-e**.*
*<u>Aber:</u> **gai̲ement** oder **gaîment***

constant, e	→ **constamment**	
suffisant, e	→ **suffisamment**	
prudent, e	→ **prudemment**	

*Adjektive auf **-ant** oder **-ent** bilden das Adverb meist auf **-amment** bzw. **-emment**.*
*<u>Aber:</u> **lentement, présentement, véhémentement***

Sonderformen:

bon, bonne	→ **bien**
meilleur, e	→ **mieux**
mauvais, e	→ **mal**

bref, brève	→ **brièvement**
gentil, gentille	→ **gentiment**
journalier, -ière	→ **journellement**
rapide	→ **rapidement / vite**

3. Stellung der Adverbien auf -ment

*Das Adverb auf -**ment** steht:*

Il travaille **sérieusement**.
Il travaillera **sérieusement**.

– bei einfachen Zeiten hinter der konjugierten Verbform

Il ne travaille pas **sérieusement**.

*– bei einem verneinten Verb nach dem zweiten Verneinungselement (**pas, plus...**)*

Il a travaillé **sérieusement**.

– bei zusammengesetzten Zeiten meist nach dem Partizip

Il va travailler **sérieusement**.

– meist nach dem Infinitiv

4. Steigerung

Grundregel:

Der Komparativ des Adverbs wird gebildet aus:

Il travaille **aussi** courageusement **qu**'elle.

– **aussi** + Adverb + **que**

Il court **plus** vite **qu**'elle.

– **plus** + Adverb + **que**

Il parle **moins** bien **qu**'elle.

– **moins** + Adverb + **que**

Der Superlativ des Adverbs lautet:

Il parle **le plus** vite.

– **le plus...** oder

Il raisonne **le moins** logiquement.

– **le moins...** *(ohne Unterscheidung des Geschlechts!)*

Sonderformen:

Elle parle **aussi bien que** lui.	*bien :*	*aussi bien (que)*
Elle parle **mieux que** lui.		*mieux (que)*
Elle parle **moins bien que** lui.		*moins bien (que)*
Elle parle **le mieux**.		*le mieux*
Je le vois **aussi peu** qu'elle.	*peu :*	*aussi peu (que)*
Je le vois **moins** qu'elle.		*moins (que)*
Je le vois **plus** qu'elle.		*plus (que)*
Je le vois **le moins**.		*le moins*
Il parle **autant** qu'elle.	*beaucoup :*	*autant (que)*
Il parle **plus** qu'elle.		*plus (que)*
Il parle **moins** qu'elle.		*moins (que)*
Il parle **le plus**.		*le plus*

---

*Soll mit **plus** oder **moins** eine Mengenangabe eingeleitet werden, so steht anstelle von **que** ein **de**.*

Beispiel: Il gagne **plus de** 5000 francs par mois.

5. Als Adverb gebrauchte Adjektive

Einige Adjektive werden als Adverb gebraucht. Sie sind daher unveränderlich. Die wichtigsten Wendungen sind:

Achetez français.	*Kauft französisch(e Produkte).*
Parlez plus fort.	*Sprechen Sie lauter!*
Parlez bas.	*Sprechen Sie leise!*
Votez socialiste.	*Wählen Sie die sozialistische Partei.*
Il faut **marcher droit**.	*Man muss gerade gehen.*
Ils **gagnent gros**.	*Sie verdienen viel.*
Vous **allez tout droit**.	*Gehen Sie geradeaus.*
Elle **travaille dur**.	*Sie arbeitet hart.*
Elle **chante faux / juste**.	*Sie singt falsch / richtig.*
Ça **sonne faux / juste**.	*Dies klingt falsch / richtig.*
Ça **coûte cher**.	*Das ist teuer.*
Ça **sent bon / mauvais**.	*Das riecht gut / schlecht.*

6. Als Adjektiv gebrauchte Adverbien

*Die Adverbien **bien, mal** und **mieux** können auch als Adjektiv gebraucht werden.*

Ce restaurant est **bien**.	*Dieses Restaurant ist gut.*
Ce restaurant est **mieux**.	*Dieses Restaurant ist besser.*
Ce restaurant n'est **pas mal**.	*Dieses Restaurant ist nicht schlecht.*
Je connais beaucoup de **gens bien**.	*Ich kenne viele anständige Leute.*
Je voudrais faire **quelque chose de bien**.	*Ich möchte etwas Gutes tun.*
Elle n'a **rien fait de mal**.	*Sie hat nichts Schlechtes getan.*
Il n'a pas fait **grand-chose de bien**.	*Er hat nicht viel Gutes getan.*

7. Très, beaucoup, bien und tout

***Très** steht:*

Cet appartement est **très grand**.	– *vor Adjektiven („sehr")*
Il s'est vendu **très facilement**.	– *vor Adverbien („sehr")*
J'ai **très faim** et **très soif**.	– *vor Wendungen mit **avoir**, bei denen das Nomen ohne Artikel steht („groß")*

106

	***Beaucoup** steht:*
Cet auteur me **plaît beaucoup**.	*– bei Verben („sehr")*
Il est **beaucoup plus dynamique** que l'autre.	*– vor Komparativen („viel")*
L'autre est **beaucoup trop** monotone.	*– vor dem Adverb **trop** („viel")*
	***Bien** wird verwendet:*
Elle a **bien mangé**.	*– bei Verben („viel", „sehr")*
Nous sommes **bien contents**.	*– vor Adjektiven („sehr", „ziemlich")*
Elle va **bien souvent** en France.	*– vor Adverbien („sehr", „ziemlich")*
Ton sac est **bien plus** lourd que le mien. Cette bière est **bien meilleure**. Ce vin est **bien pire** que l'autre.	*– vor Komparativen mit **plus**, **meilleur** und **pire** („viel")*
Il est **tout** seul. Ils sont **tout** seuls. Elle est **toute** seule. Elle sont **toutes** seules.	*Mit **tout** werden Adjektive verstärkt. Nur vor femininen Adjektiven, die mit einem Konsonanten beginnen, wird **tout** an das Adjektiv angeglichen.*
Il est **tout** heureux. Ils sont **tout** heureux. Elle est **tout** heureuse. Elles sont **tout** heureuses.	*Beginnen die femininen Adjektive mit einem Vokal oder **h**, so bleibt **tout**, wie bei Adverbien üblich, unverändert.*

***Tout** kann neben Adverb auch Begleiter und Pronomen sein (vgl. hierzu Seite 19 und 35).*

Ergänzen

Ergänzen Sie die fehlenden maskulinen oder femininen Formen des Adjektivs.

froid	*froide*	_____	rare
_____	secrète	européen	_____
faux	_____	aigu	_____
public	_____	_____	facile
_____	réelle	_____	fraîche

Verbinden

Verbinden Sie die angegebenen Wörter zu einem Satz. Achten Sie dabei auf die Endungen der Adjektive und auf ihre Stellung.

1. je – acheter – ancien – une voiture

   J'achète une voiture ancienne.

2. il – avoir – brun – les cheveux

   _____

3. elle – faire – léger – une sauce

   _____

4. ils – faire partie de – catholique – l'église

   _____

5. tu – écrire avec – gauche – la main

   _____

6. je – lire – gros – un livre

   _____

7. vous – raconter – bref – une histoire

   _____

8. elle – arrive avec – cassé – une jambe

_____

9. ils – préférer – turc – la nourriture

_____

10. je – voir – franco-allemand – une pièce

_____

11. elle – contacter – certain (gewisser) – Yves

_____

12. elles – porter – long – des robes

_____

13. il – s'acheter – nouveau (fabrikneu) – une voiture

_____

14. elle – mener – simple – une vie

_____

15. ils – avoir passé l'examen – dernier – la semaine

_____

Umformen

Formen Sie die Sätze zu einem neuen Satz um. Verwenden Sie dabei das angegebene Adjektiv in der Form des Komparativs.

1. Monique mesure 1 m 80. Florence mesure 1 m 70. (grand)

   Monique est plus grande que Florence.

2. Le château de Chenonceaux date du 16e siècle. Celui de Versailles date du

   17e siècle. (vieux)

   _____

3. M. Dutour a acheté sa voiture en 1997. M. Floret a acheté la sienne en 1996. (neuf)

   _____

4. Une chambre à l'Hôtel de Provence coûte 350 francs, à l'Hôtel de Normandie seulement 320 francs. (cher)

_____

5. Voilà les résultats de l'examen : Olivier a 85 point, Marc a 78 points. (bon)

_____

Entscheiden

Entscheiden Sie, ob ein Adjektiv oder ein Adverb einzutragen ist.

1. Yvette est une fille __*heureuse*__ . (heureux)

   __*Heureusement*__ j'ai pensé à l'anniversaire de ma femme. (heureux)

2. Ils ont construit leur maison _____ . (récent)

   La zone piétonne de notre ville est _____ . (récent)

3. Cet avion fait un bruit _____ . (énorme)

   Oui, tu as raison, il fait _____ de bruit. (énorme)

4. Tu fais ton gâteau avec de la farine _____ ? (complet)

   Oui, mais j'ai _____ oublié d'en acheter. (complet)

5. Je comprends _____ l'italien que l'espagnol. (meilleur)

   Mon idée est _____ que celle de Pascal. (meilleur)

6. Avec ce brouillard, on voit _____ . (mauvais)

   C'est une _____ période pour partir en vacances. (mauvais)

7. Tu vas _____ ? (bon)

   Oui. Et on a vraiment _____ mangé. (bon)

8. En France, il y a vraiment beaucoup de gens _____ . (bon)

   Ça sent _____ chez toi. (bon)

   Tu as _____ cuisiné. (bon)

Lösungen siehe Seite 139.

Präpositionen

Im Französischen werden die Präpositionen anders verwendet als im Deutschen. Ihre Bedeutung hängt stark von den nachfolgenden Nomen ab. Daher sollten die französischen Präpositionen stets mit den dazugehörigen Wörtern gelernt werden.

Die Präpositionen des Ortes à, dans und en

à

Die Präposition **à** steht bei Ortsangaben auf die Frage „Wo?" oder „Wohin?". Sie steht außerdem bei den meisten maskulinen Ländernamen (**le Portugal, les Etats-Unis, les Pays-Bas, le Maroc, le Japon,...**) und bei Inselnamen, die keinen Artikel bei sich tragen (**Malte, Jersey, Chypre, Madagascar,...**).

Notre groupe de voyage est **à Paris** aujourd'hui.   – in (wo?)

Les Dupont vont **au musée**.   – in (wohin?)

L'été prochain, nous allons **au Portugal** ou **aux Etats-Unis**.   – nach, in (wohin?)

dans

Während **à** einen Ort nur allgemein angibt, steht **dans** für konkrete Ortsangaben, die häufig mit dem unbestimmten Artikel **un** oder **une** verbunden sind. Außerdem steht **dans** bei den Namen der meisten französischen Departements. Beachten Sie besonders die Konstruktion **dans la rue**.

Dimanche, on va **dans un musée** d'art moderne.   – in (wohin?)
aber: Dimanche, on va au musée.

J'ai passé un an **dans le Nord-Pas-de-Calais**.   – in (wo?)

L'année prochaine, je vais **dans le Finistère**.   – nach, in (wohin?)

Les enfants jouent **dans la rue**.   – auf (wo?)

en

Die Präposition **en** steht – im Allgemeinen ohne Artikel – bei femininen Ländernamen, bei französischen Provinznamen und in bestimmten Ausdrücken.

Nous allons souvent **en Allemagne**.   – in (wohin?)

Nous avons des amis **en Provence**.   – in (wo?)

Samedi prochain, on va **en ville**.   – in (wohin?)

à côté de

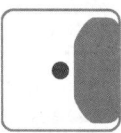

Le cinéma est **à côté du théâtre**.
(neben)

au-dessous de

Les gens d'**au-dessous de** mon appartement font beaucoup de bruit.
(unter, unterhalb von)

au-dessus de

La famille Dupont habite **au-dessus d'un magasin**.
(über, oberhalb von)

à droite de

A droite de l'Hôtel de Ville, il y a une boulangerie. *(rechts von)*

au milieu de

La fontaine se trouve **au milieu de la place**. *(inmitten)*

au nord de

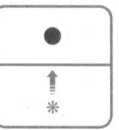

Amiens est **au nord de Paris**.
(nördlich von)

à travers

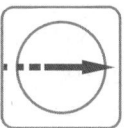

Ils marchent **à travers le désert**.
([quer] durch)

autour de

Autour de la fontaine, il y a un petit mur. *(um … herum)*

chez		Lundi prochain, je vais **chez le dentiste**. *(zu)* On va passer nos vacances **chez nos parents**. *(bei)*
contre		Elle pousse le lit **contre le mur**. *(gegen)*
de		Il vient **de Paris**. *(von, aus)*
derrière		Le livre est tombé **derrière la bibliothèque**. *(hinter)*
devant		Le facteur a posé le paquet **devant la porte**. *(vor)*
en face de		Notre hôtel est **en face de l'église**. *(gegenüber)*
entre		La principauté d'Andorre se trouve **entre la France et l'Espagne**. *(zwischen)*
jusque		Il y a un bouchon **jusqu'à l'aéroport**. *(bis)*
le long de		On va faire une promenade **le long du fleuve** ? *(längs, am … entlang)*

loin de		La gare est **loin du centre-ville**. *(weit von … [entfernt])*
par		Pour aller à Marseille, nous passons **par Lyon**. *(über)*
parmi		**Parmi nos amis**, il y a beaucoup de Français. *(zwischen, unter)*
pour		Les voyageurs **pour Jersey** partent en bateau. (*nach = Richtung*)
près de		Le théâtre est **près de la mairie**. *(nahe bei)*
sous		Le chien est **sous la table**. *(unter)*
sur		Mettez les verres **sur la table**. *(auf)* Les chambres donnent **sur le jardin**. *(gehen zum … hinaus, haben Blick auf …)* Mannheim est située **sur le Rhin**. *(am)*
vers		Cette année, beaucoup de Français partent **vers la Bretagne**. *(in Richtung)*

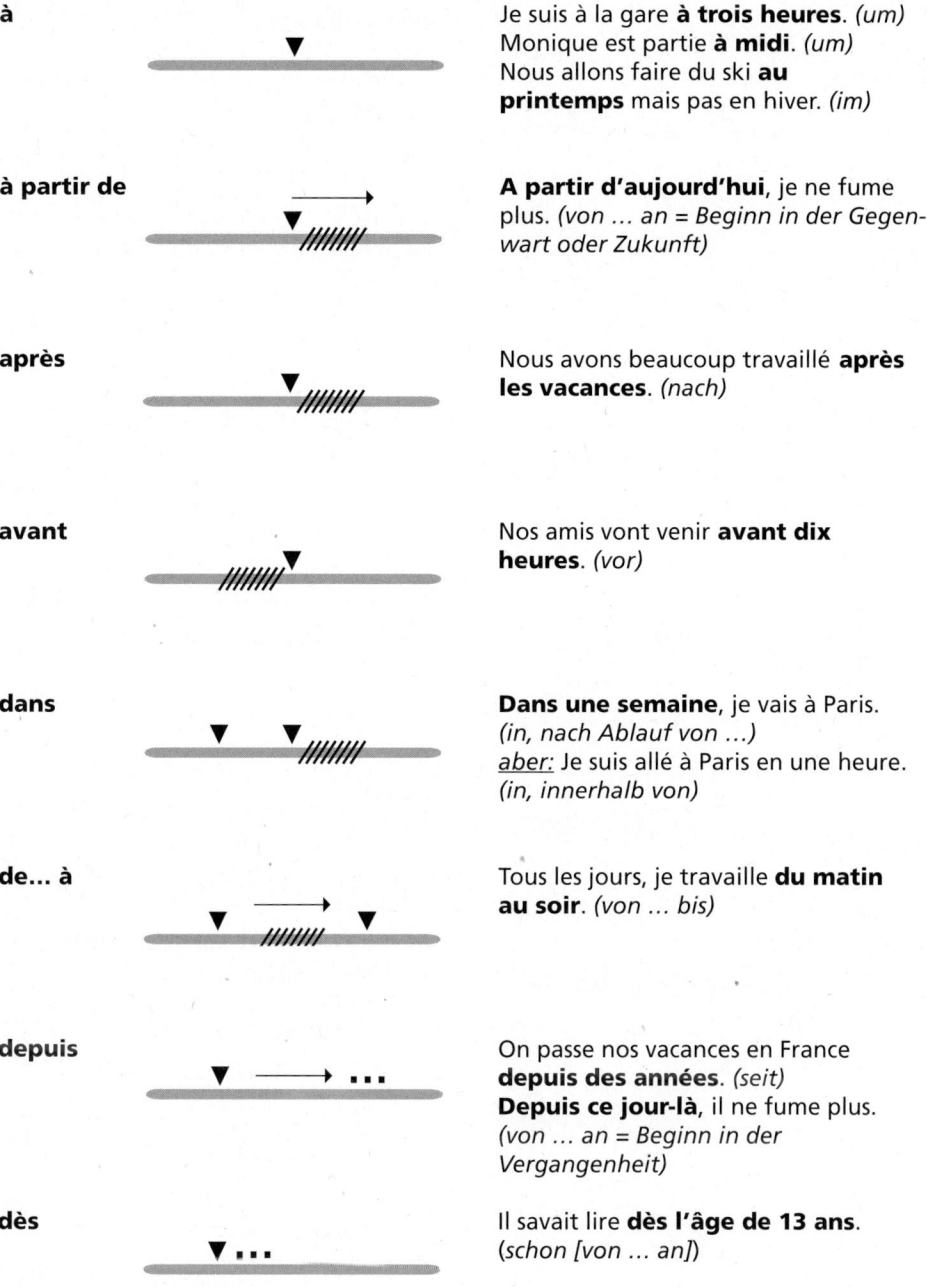

à

Je suis à la gare **à trois heures**. *(um)*
Monique est partie **à midi**. *(um)*
Nous allons faire du ski **au printemps** mais pas en hiver. *(im)*

à partir de

A partir d'aujourd'hui, je ne fume plus. *(von ... an = Beginn in der Gegenwart oder Zukunft)*

après

Nous avons beaucoup travaillé **après les vacances**. *(nach)*

avant

Nos amis vont venir **avant dix heures**. *(vor)*

dans

Dans une semaine, je vais à Paris. *(in, nach Ablauf von ...)*
aber: Je suis allé à Paris en une heure. *(in, innerhalb von)*

de... à

Tous les jours, je travaille **du matin au soir**. *(von ... bis)*

depuis

On passe nos vacances en France **depuis des années**. *(seit)*
Depuis ce jour-là, il ne fume plus. *(von ... an = Beginn in der Vergangenheit)*

dès

Il savait lire **dès l'âge de 13 ans**. *(schon [von ... an])*

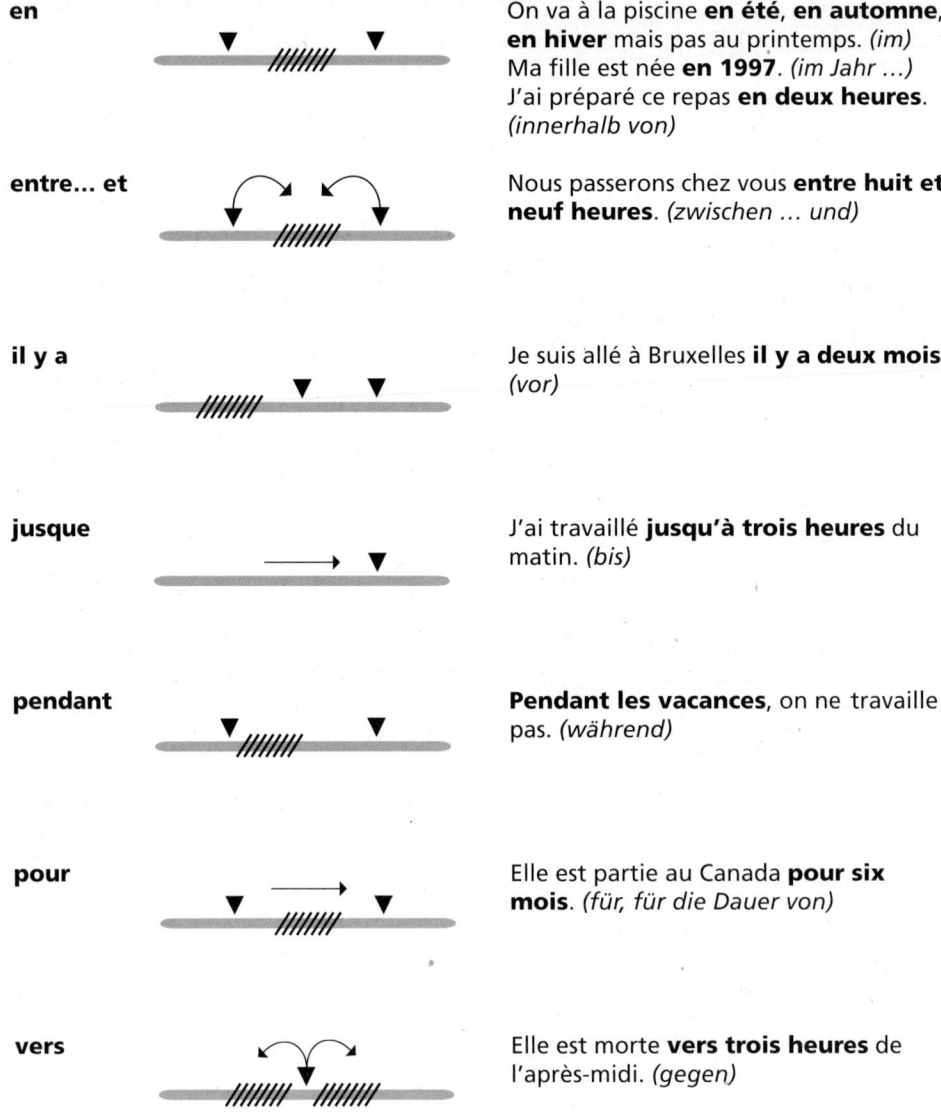

en

On va à la piscine **en été, en automne, en hiver** mais pas au printemps. *(im)*
Ma fille est née **en 1997**. *(im Jahr ...)*
J'ai préparé ce repas **en deux heures**. *(innerhalb von)*

entre... et

Nous passerons chez vous **entre huit et neuf heures**. *(zwischen ... und)*

il y a

Je suis allé à Bruxelles **il y a deux mois**. *(vor)*

jusque

J'ai travaillé **jusqu'à trois heures** du matin. *(bis)*

pendant

Pendant les vacances, on ne travaille pas. *(während)*

pour

Elle est partie au Canada **pour six mois**. *(für, für die Dauer von)*

vers

Elle est morte **vers trois heures** de l'après-midi. *(gegen)*

Modale Präpositionen

à

Au supermarché, il achète six **tasses à café**.	– Kaffeetassen (Zweck)
On peut laver ce pull **à la machine** ?	– mit (Art und Weise)
Il va à Strasbourg **à bicyclette**.	– mit (Fortbewegungsart auf einem Transportmittel)
Le jambon est **à quinze francs** le kilo.	– kostet ... das Kilo (Preisangaben)
Metz est **à trois cents kilomètres** de Paris.	– liegt ... entfernt (Angaben der Entfernung)

avec

Coupe la viande **avec ton couteau**.	– mit (Werkzeug oder Mittel)

de

Tu prends encore une tasse **de thé** ?	– eine Tasse Tee (Inhalt, Mengenangabe)
Je lui fais signe **de la main**.	– mit (Körperteil)
Les gens sont morts **de faim**.	– vor (Ursache)
Elle porte une jupe **de soie**.	– aus (Materialangabe)

en

Les Dupont arrivent **en avion**.	– mit (Fortbewegungsart in einem Transportmittel)
J'ai acheté un pull **en laine**.	– aus (Materialangabe)

par

J'ai envoyé un livre **par la poste**.	– durch (Mittel)
J'ai appris la nouvelle **par mon père**.	– durch (Urheber)
Elle est restée chez ses voisins **par pitié**.	– aus (Beweggrund)
Ils vont au restaurant deux fois **par semaine**.	– pro (Verteilung)
Le buffet coûte cent francs **par personne**.	– pro (Verteilung)

pour

Il a acheté une maison **pour sa femme**.   – *für (Zweck)*

Elle est partie **pour une semaine**.   – *für (Dauer)*

Il a acheté cette voiture **pour quarante**   – *für (Preis)*
mille francs.

sur

Un allemand **sur trois** connaît la France.   – *von (Verteilung)*

Elle va **sur ses cinquante ans**.   – *auf … zu (Alter)*

Vervollständigen

*Ergänzen Sie die Präpositionen **à, dans, en**, gegebenenfalls mit unbestimmtem oder bestimmtem Artikel.*

	_au_____	restaurant.
	_____	Paris.
	_____	Portugal.
	_____	sud de la France.
	_____	Grenoble.
	_____	Bas-Rhin.
	_____	Italie.
	_____	Cuba.
	_____	Pays-Bas.
On va	_____	pied.
	_____	cinéma.
	_____	voiture.
	_____	Suisse.
	_____	montagne.
	_____	Japon.
	_____	Bourgogne.
	_____	Var.
	_____	train.
	_____	moto.

Ergänzen

Setzen Sie die fehlenden Präpositionen des Ortes und, wo notwendig, die fehlenden Artikel ein.

1. La piscine est ___à___ côté ___de la___ gare.

2. Orléans est _____ sud _____ Paris.

3. Pour demain, j'ai pris un rendez-vous _____ médecin.

4. La famille Dupont vient _____ Brest.

5. Dimanche, j'irai _____ campagne.

119

6. Nous irons _____ Alpes pour faire du ski.

7. Michel est resté _____ Saint-Petersbourg _____ Etats-Unis.

8. _____ la Suisse et l'Autriche se trouve le Liechtenstein.

Ergänzen

Setzen Sie die fehlenden Präpositionen der Zeit ein.

1. Pascal est né _____ 1976.

2. _____ juin et juillet, nous serons en vacances.

3. Nous partirons _____ deux heures du matin.

4. Michèle est venue _____ trois heures.

5. Pascal est parti, il va revenir _____ quinze jours.

6. Annick est partie _____ six mois.

7. Il y avait une grande fête à Orléans _____ trois mois.

8. Aujourd'hui, je travaille seulement _____ deux heures.

Erinnern

Welche Präpositionen fehlen in diesen Sätzen?

1. Cet appartement n'appartient pas _____ Annick mais _____ Pascal.

2. _____ quinze jours, Pascal va venir _____ avion.

3. Il nous a envoyé une lettre _____ avion.

4. Voilà les tasses _____ café et les tasses _____ thé.

5. Je suis fatiguée. Tu me donnes une tasse _____ café ?

6. Je me suis acheté douze verres _____ cristal _____ 800 francs.

7. _____ midi, j'ai rencontré une vieille amie _____ la rue.

8. Il connaît la grammaire française _____ A _____ Z.

Lösungen siehe Seite 140.

Konjunktionen

*Mit Konjunktionen werden Sätze und Satzteile verbunden. Die Bedeutung der Konjunktionen finden Sie in Wörterbüchern. Wichtig ist aber zu wissen, dass nach manchen Konjunktionen der **Subjonctif** oder das **Conditionnel** stehen muss.*

Rappelle-moi **avant que** tu partes.
Je resterai ici **jusqu'à ce qu'**elle
  revienne.
Nous resterons à la plage **jusqu'au
moment où** la nuit tombera.

*Nach **avant que, en attendant que**
und **jusqu'à ce que** steht der
Subjonctif.
Nach **jusqu'au moment où** steht
jedoch <u>kein</u> **Subjonctif**.*

Depuis qu'il avait reçu notre lettre, il
ne nous parlait plus.

*Nach **depuis que** steht <u>nicht</u> der
Subjonctif, sondern eine Zeit der
Vergangenheit.*

Quand j'ai faim, je mange un fruit.
Lorsque nous écoutions la radio,
  une bombe a explosé.
Pendant que je travaillais, mon mari
  faisait la vaisselle.

*Nach **quand, lorsque, pendant que,
tandis que, en même temps que,
chaque fois que, tant que** und
aussi longtemps que steht <u>kein</u>
Subjonctif.*

Après qu'il a terminé son travail,
  il est parti en vacances.
Dès que je ne travaille plus, je me
  sens mieux.

*Nach **après que, dès que, aussitôt
que** und **une fois que** steht
ebenfalls <u>kein</u> **Subjonctif**.*

Comme je ne me sens pas bien,
  je ne travaille pas aujourd'hui.
Il ne travaille pas aujourd'hui
  parce qu'il ne se sent pas bien.
Puisque nous partons en vacances,
  nous avons prêté notre maison
  à des amis.

*Nach den Ausdrücken des Grundes
**comme, parce que, puisque, du
fait que, étant donné que** und
vu que steht die passende Zeit, <u>nicht</u>
jedoch der **Subjonctif**.*

Elle a économisé énormément
  d'argent **pour que** sa famille
  puisse partir en vacances.
Recule la voiture **afin que** je puisse
  rentrer au garage.

*Die Ausdrücke des Ziels **pour que,
afin que, de peur que** und **de
crainte que** erfordern den
Subjonctif.*

Je vous ai fait les bagages **de façon que** vous pouvez partir en vacances. Il a préparé le dîner **de (telle) manière que** sa femme était très contente. Il faut nettoyer l'appartement **de sorte que** les amis puissent venir.	Nach den Ausdrücken der Konsequenz *de façon que, de manière que* und *de sorte que* steht die passende Zeit, <u>nicht</u> der **Subjonctif**. Handelt es sich aber nicht um eine tatsächliche, sondern nur um eine <u>beabsichtigte</u> Folge, steht auch hier der **Subjonctif**.
Je ne pars pas en vacances **sans que** tu aies contrôlé l'huile.	Nach *sans que* steht <u>immer</u> der **Subjonctif**.
Bien qu'il n'ait pas de chances dans la vie, il a gagné le gros lot. **Quoique** je sois jeune, j'ai déjà beaucoup travaillé.	Nach den Ausdrücken der Einschränkung **bien que** und **quoique** steht immer der **Subjonctif**.
Au cas où mes parents viendraient, j'ai laissé la clé sous le paillasson. **Dans l'hypothèse où** je ne trouverais pas de travail, je me suis inscrit à l'université.	Nach *au cas où, dans le cas où, pour le cas où* und *dans l'hypothèse où* (Ausdrücke der Bedingung) steht das **Conditionnel**.
Tu pourras sortir ce soir **à condition que** tu fasses tes devoirs avant. Nous irons faire un tour **à moins qu**'il fasse mauvais temps.	Nach *à condition que, pourvu que, à supposer que* und *à moins que* steht immer der **Subjonctif**.

 *Zum **Subjonctif** siehe Seite 71.*

 *Zum **Conditionnel** siehe Seite 68.*

1. Grundzahlen

0 zéro	18 dix-huit	80 quatre-vingt**s**
1 **un, une**	19 dix-neuf	81 quatre-ving**t-un/une**
2 deux	20 ving**t**	82 quatre-ving**t**-deux
3 trois	21 ving**t et** un/une	90 quatre-ving**t**-dix
4 quatre	22 ving**t**-deux	91 quatre-ving**t-onze**
5 cinq	23 ving**t**-trois	100 cent
6 six	30 trente	101 cent **un/une**
7 sept	31 trente **et** un/une	102 cent deux
8 huit	40 quarante	110 cent dix
9 neuf	41 quarante **et** un/une	180 cent quatre-vingt**s**
10 dix	50 cin**q**uante	200 deux cent**s**
11 onze	51 cin**q**uante **et** un/une	201 deux cen**t un/une**
12 douze	60 soixante	1 000 mille
13 treize	61 soixante **et** un/une	1 001 mille **un/une**
14 quatorze	70 soixante-**dix**	2 000 deux mill**e**
15 quinze	71 soixante **et** onze	1 000 000 un million
16 seize	72 soixante-douze	2 000 000 deux million**s**
17 dix-sept	73 soixante-treize	1 000 000 000 un milliard

Tu veux manger combien de bananes ?
Une ou deux ? – Deux.

Un und *une* *als Zahlwörter richten sich im Geschlecht nach dem dazu-gehörigen Nomen.*

vingt **et** un, trente **et** un,
quarante **et** un, cinquante **et** un,
soixante **et** un, soixante **et** onze

Bei 21, 31, 41, 51, 61 und 71 steht zwischen den Zehnern und Einern ein **et.**

quatre-vingt-**un**, cent **un**, mille **un**

Nach **quatre-vingt, cent** *und* **mille** *folgen die Einer direkt, ohne* **et.**

vingt-deux, trente-neuf,
soixante-dix-neuf, quatre-vingt-un,
quatre-vingt-onze

Bei den übrigen Zahlen bis 99 werden die „Einer" mit Bindestrich angehängt.

cent cinquante, deux mille,
trois millions cinq cent mille

Zahlen, die mit **cent, mille, million** *oder* **milliard** *verbunden werden, stehen ohne Bindestrich.*

Ma grand-mère a quatre-vingt**s** ans.
Elle s'est mariée à ving**t** ans.
Mon grand-père est mort à
quatre-ving**t**-deux ans.

quatre-vingts wird mit, vingt wird ohne -s geschrieben. Folgt auf quatre-vingts eine weitere Zahl, so fällt das -s weg.

Je voudrais **deux cents** grammes de gruyère râpé et **deux cent cinquante** grammes de parmesan.

Cent *im Plural bekommt nur ein* **-s**, *wenn keine weitere Zahl folgt.*

Il me faut aller à la banque pour retirer **deux mille** francs.

Mille *ist unveränderlich.*

A l'an **mille neuf cent quatre-vingts**...
En **dix-neuf cent quatre-vingts**...

Für die Jahreszahlen gibt es zwei Lesarten. Bevorzugt wird die erste.

Cette maison a coûté **deux millions de** francs.
Et la maison en Espagne vaut **trois millions cinq cent mille** francs.
Il possède deux **milliards de** francs.

Million *und* **milliard** *sind veränder-lich. Ein* **de** *nach* **million** *oder* **milliard** *steht nur dann, wenn keine weitere Zahl folgt.*

septante = 70
nonante = 90
huitante = 80

In Belgien und in der französisch-sprachigen Schweiz werden offiziell **septante** *und* **nonante** *benutzt.* **Huitante** *ist eine inoffizielle regionale Variante, die nur in der französisch-sprachigen Schweiz vorkommt.*

2. Ordnungszahlen

1er	le premier	7^e	le/la septième	17^e	le/la dix-septième
1ère	la première	8^e	**le/la h**uitième	18^e	le/la dix-huitième
2^e	le deuxième	9^e	le/la neu**v**ième	19^e	le/la dix-neu**v**ième
2^e	la deuxième	10^e	le/la dixième	20^e	le/la vingtième
2nd	le second	11^e	**le/la o**nzième	21^e	le/la vingt et **unième**
2nde	la seconde	12^e	le/la dou**zi**ème	22^e	le/la vingt-deuxième
3^e	le/la troisième	13^e	le/la trei**zi**ème	31^e	le/la tren**ti**ème
4^e	le/la quat**ri**ème	14^e	le/la quator**zi**ème	80^e	le/la quatre-vingtième
5^e	le/la cin**qui**ème	15^e	le/la quin**zi**ème	100^e	le/la centième
6^e	le/la sixième	16^e	le/la sei**zi**ème	1000^e	le/la mill**i**ème

vingt et un → le/la vingt et **unième**
cent un → le/la cent **unième**
mille un → le/la mille **unième**

Premier *und* **second** *können nicht mit anderen Zahlen verbunden wer-den. An ihrer Stelle steht* **unième** *bzw.* **deuxième**.

le/la deuxième le/la second(e)	*Beide Formen werden im Deutschen mit „der/die/das Zweite" übersetzt und sind meistens austauschbar. **Deuxième** wird jedoch häufiger benützt als **second(e)**. <u>Aber nur:</u> **la Seconde Guerre mondiale**.*

Napoléon **Ier** (*gesprochen:* premier) Napoléon **III** (*gesprochen:* trois) Elisabeth **Ière** (*gesprochen:* première)	*Bei den Herrschernamen steht nur beim „Ersten" die Ordnungszahl, ansonsten die Grundzahl.*

J'ai lu **un livre sur deux**. **Une maison sur cinq** date du 18e siècle.	*„Jedes zweite, dritte ..." entspricht im Französischen der Konstruktion **un / une** + Nomen + Grundzahl.*

3. Bruchzahlen

$\frac{1}{2}$	un demi	*Mit Ausnahme von **un demi, un tiers** und **un quart** entsprechen die Bruchzahlen den Ordnungszahlen.*
$\frac{1}{3}$	un tiers	
$\frac{1}{4}$	un quart	
$\frac{1}{10}$	un dixième	
$\frac{3}{4}$	trois quart**s**	

4. Sammelzahlen

une **quinzaine** de jours une **dizaine** d'amis une **vingtaine** d'années une **trentaine** d'invités	*Will man zum Ausdruck bringen, dass eine Zahl ungefähr 10, 15, 20, 30, 40, 50, 60 oder 100 beträgt, so hängt man die Endung **-aine** an die Grundzahl an.*

un millier de personnes	*„Ungefähr tausend" wird mit **un millier** übersetzt.*

environ soixante-dix environ quatre-vingts	*Für andere Zahlen muss eine Umschreibung mit **environ** + Grundzahl gewählt werden.*

une **douzaine** d'escargots une **douzaine** de serviettes	*„Ein Dutzend" (also <u>genau</u> 12) heißt im Französischen **une douzaine**.*

5. Zeitangaben

Quelle heure est-il ?
Vous avez quelle heure ?

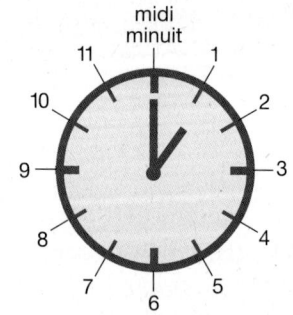

Il est **une heure**.
Il est **trois heures**.
Il est **midi**.
Il est **minuit**.

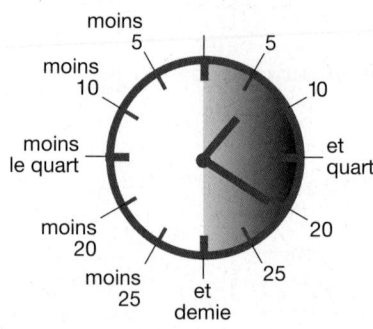

Il est une heure **cinq**.
Il est cinq heures **et quart**.
Il est trois heures **et demie**.
Il est huit heures **moins vingt**.
Il est dix heures **moins le quart**.
Il est midi **moins dix**.
Il est minuit **et quart**.

Il est **deux heures trente-cinq**.
Il est **quinze heures cinquante-huit**.
Il est **zéro heure quinze**.

Bei offiziellen Zeitangaben (im Radio etc.) wird wie im Deutschen durchgezählt.

On est le combien aujourd'hui ?
On est **le premier avril**.
Nous sommes **le deux août**.
Quand est-ce qu'il arrive ?
Il arrive **le** quinze mars.

Bei der Datumsangabe wird nur der Erste des Monats mit der Ordnungs- zahl wiedergegeben. Beim 2. bis 31. stehen die Grundzahlen. Anders als im Deutschen steht immer der be- stimmte Artikel ohne Präposition.

 Zum Gebrauch des Artikels bei Angabe der Tageszeit, des Wochentags und des Datums siehe Seite 14.

M. Dutour montre sa nouvelle voiture à son collègue.

Ein Aussagesatz hat folgende Wortstellung:
*– Subjekt (**M. Dutour**),*
*– Verb (**montre**),*
*– direktes Objekt (**sa nouvelle voiture**),*
*– à-Objekt (**à son collègue**).*

… sa nouvelle voiture à son collègue.

*Im Französischen steht erst das direkte, dann das **à**-Objekt. Im Deutschen ist auch die umgekehrte Stellung möglich (→ „… seinem Kollegen das neue Auto.").*

C'est M. Dutour qui a acheté une nouvelle voiture.

*Das Subjekt wird hervorgehoben durch **C'est… qui…** .*

C'est à son collègue que M. Dutour montre sa nouvelle voiture.

C'est sa nouvelle voiture que M. Dutour montre à son collègue.

*Möchte man das direkte oder das **à**-Objekt hervorheben, so genügt es nicht wie im Deutschen den Satz umzustellen (→ „Seinem Kollegen zeigt Herr Dutour das neue Auto."): Das Objekt, das hervorzuheben ist, wird mit **C'est… que** eingeleitet. Dann folgt die normale Satzstellung: Subjekt, Verb, (anderes) Objekt.*

A 6 h 30, je me lève.
Je me lève **à 6 h 30**.

Orts- oder Zeitangaben können im Allgemeinen zu Beginn oder am Ende des Satzes stehen.

Sur le parking, M. Dutour montre sa nouvelle voiture à son collègue.

Eine Orts- oder Zeitangabe zu Beginn des Satzes wird durch ein Komma abgetrennt. Im Gegensatz zum Deutschen bleibt die normale Satzteilstellung erhalten (→ „Zu Hause zeigt Herr Dutour …").

Aujourd'hui, elle est allée **à Paris**.

Kommen in einem Satz mehrere Orts- und Zeitangaben vor, so steht meistens die Zeitangabe am Satzanfang, die Ortsangabe am Satzende.

Il **travaille sérieusement**.
Il **a** travaillé **sérieusement**.
Il **va sérieusement** travailler.

*Zur Stellung der Adverbien auf
-**ment** siehe Seite 104.*

*Unbestimmte Angaben des Ortes,
der Zeit oder der Art und Weise, die
nicht auf -**ment** enden, stehen bei:*

Elle part **déjà**.
Il mangeait **beaucoup**.
Elle comprend **bien**.

*– einfachen Zeiten (z. B. **Présent,
Imparfait, Futur simple**) nach
dem Verb*

Elle est **déjà** partie.
Il a **beaucoup** mangé.
Elle a **bien** compris.

*– zusammengesetzten Zeiten
nach **avoir** bzw. **être** und
vor dem Partizip Perfekt*

Elle va **bientôt** partir.
Il veut **toujours** avoir raison.

*– Sätzen mit Infinitiv vor dem
Infinitiv*

Entscheidungsfrage (Frage ohne Fragewort)

Tu vas bien ? – **Oui**.
Tu as faim ? – **Non**.
Tu ne vas pas à Paris ? – **Si**.
Tu n'es pas d'accord ? – **Non**.

*Bei einer Entscheidungsfrage antwor-
tet der Angesprochene mit **oui**, **non**
oder **si**. Es gibt drei Möglichkeiten,
eine Entscheidungsfrage zu bilden:*

1. Intonationsfrage

Ça va ?
Michel est déjà parti ?
Toi aussi, tu vas à Paris ?

*Bei der Intonationsfrage bleibt die
Wortstellung des Aussagesatzes erhalten. Sie kommt hauptsächlich in
der gesprochenen Sprache vor.*

2. Est-ce que-Frage

Est-ce que tu vas bien ?
Est-ce que Michel est déjà parti ?
Est-ce que tu vas à Paris ?

*Die **est-ce que**-Frage hat die gleiche
Wortstellung wie ein Aussagesatz.
Diese Fragemöglichkeit kommt sowohl in der gesprochenen als auch
geschriebenen Sprache vor.*

3. Inversionsfrage

Partez-vous souvent en vacances ?
Et votre femme ? Ne **prend-elle** pas
 la voiture ?
Et votre oncle ? **Parle-t-il** bien
 le français ?

*Bei der Inversionsfrage wird das Sub-
jektpronomen mit einem Bindestrich
an das Verb angehängt. Endet die
3. Person Singular (bei **il, elle, on**) auf
-e oder **-a**, so wird vor das Subjektpronomen ein **-t-** eingeschoben.*

N'a-t-il pas fait de progrès ?

*Bei einem verneinten Satz steht **ne** vor
dem konjugierten Verb, **pas** hinter
dem Subjektpronomen. Die Inversionsfrage ist typisch für die geschriebene
Sprache.*

Vos enfants partent-ils en vacances ?
Votre femme ne **prend-elle** pas
 la voiture ?

Votre oncle parle-t-il bien le français ?

*Nomen und Verb lassen sich nicht
einfach vertauschen. Eine Frage wie
„partent vos enfants" ist <u>nicht</u> möglich! Vielmehr wird die Wortstellung
des Aussagesatzes beibehalten. An das
Verb wird, wie bei der Inversionsfrage
üblich, das entsprechende Subjektpronomen angehängt.*

129

Ergänzungsfrage (Frage mit Fragewort)

Quand est-ce que tu pars à Paris ?
Demain.
Qu'est-ce que tu as fait à Paris ?
Tous les soirs, je suis allé au cinéma.

*Bei einer Ergänzungsfrage antwortet
der Befragte nicht mit „ja", „nein"
oder „doch", sondern mit einem
Wort oder einem Satz.*

1. Frage nach dem Subjekt:

Fragemöglichkeiten:

a) bei Personen:

Qui est-ce qui a pris la voiture ?
Qui a pris la voiture ?
Michel a pris la voiture.

„wer?"

– *qui est-ce qui*
– *qui*

*bei **être**:*

Qui sont ces gens-là ?
C'est qui, ces gens-là ?
Ce sont nos voisins.

– *qui est... / qui sont...*
– *c'est qui, ... (gespr. Spr.)*

b) bei Sachen:

Qu'est-ce qui s'est passé ?
Une chose terrible s'est passée.

„was?", „welche/r/s?"

– *qu'est-ce qui*

*bei **être**:*

Quelle est votre voiture ?
Voilà ma voiture.

– *quel... (siehe Seite _)*

2. Frage nach einem Objekt:

Fragemöglichkeiten:

a) bei Personen:

„wen"?, „wem?", „von wem?", ...

Frage nach dem direkten Objekt:

Qui est-ce que tu as vu ?
Qui as-tu vu ?
Tu as vu **qui** ?
J'ai vu Michel.

– *qui est-ce que*
– *qui + Inversion (Schriftspr.)*
– *nachgestelltes **qui** (gespr. Spr.)*

*Frage nach dem **à**-Objekt:*

A qui est-ce que tu as parlé ?
A qui as-tu parlé ?
Tu as parlé **à qui** ?
J'ai parlé à Michel.

– *à qui est-ce que*
– *à qui + Inversion (Schriftspr.)*
– *nachgestelltes **à qui** (gespr. Spr.)*

De qui est-ce que tu as parlé ?
De qui as-tu parlé ?
Tu as parlé **de qui** ?
J'ai parlé de Michel.

– *de qui est-ce que*
– *de qui + Inversion (Schriftspr.)*
– *nachgestelltes **de qui** (gespr. Spr.)*

b) bei Sachen:
„was?", „an was?", „wovon?", ...

Frage nach dem direkten Objekt:

Qu'est-ce que tu veux ?
Que veux-tu ?
Tu veux **quoi** ?
Je veux une voiture.

– *qu'est-ce que*
– *que + Inversion (Schriftspr.)*
– *nachgestelltes **quoi** (gespr. Spr.)*

*Frage nach dem **à**-Objekt:*

A quoi est-ce que tu penses ?
A quoi penses-tu ?
Tu penses **à quoi** ?
Je pense aux vacances.

– *à quoi est-ce que*
– *à quoi + Inversion (Schriftspr.)*
– *nachgestelltes **à quoi** (gespr. Spr.)*

*Frage nach dem **de**-Objekt:*

De quoi est-ce que tu parles ?
De quoi parles-tu ?
Tu parles **de quoi** ?
Je parle d'une fête.

– *de quoi est ce que*
– *de quoi + Inversion (Schriftspr.)*
– *nachgestelltes **de quoi** (gespr. Spr.)*

3. Fragen nach dem Ort, der Zeit und anderen adverbialen Bestimmungen

Frage nach dem Ort:

Où est-ce qu'il va ?
Où va-t-il ?
Il va **où** ?
Il va à Paris.

– *où est ce que*
– *où + Inversion (Schriftspr.)*
– *nachgestelltes **où** (gespr. Spr.)*

Frage nach der Zeit:

Quand est-ce qu'il part ?
Quand part-il ?
Il part **quand** ?
Il part à midi.

– *quand est ce que*
– *quand + Inversion (Schriftspr.)*
– *nachgestelltes **quand** (gespr. Spr.)*

---

*Bei den Fragen nach der Art und Weise (durch **comment** etc.), dem Grund (**pourquoi**...), der Anzahl (**combien**...) etc. gelten im Prinzip die gleichen Regeln.*

4. Fragen mit lequel…

Je voudrais dix œufs.
Lesquels ? – Ceux-ci.
Et un kilo de tomates.
Lesquelles ? – Celles-ci.
Et un chou-fleur.
Lequel ? – Celui-là.
Et une noix de coco.
Laquelle ? – Celle-là.

Ce soir, nous sommes invités **chez** nos
 voisins.
Chez lesquels ?
On va faire nos courses **au** supermarché.
Auquel ?
Tu me coupes un morceau **de** fromage ?
Duquel ?

*Anstelle von **quel**… + Nomen kann
das Interrogativpronomen **lequel**…
stehen. Dies ist besonders dann sinnvoll, wenn das Nomen schon bekannt
ist. **Lequel**… richtet sich wie **quel**…
in Geschlecht und Zahl nach dem
dazugehörigen Nomen.*

*Bezieht sich **lequel** auf ein Nomen
mit Präposition, muss der jeweiligen
Form ebenfalls diese Präposition
vorangestellt werden.
Dabei verschmelzen **à** bzw. **de** mit
den Formen von **lequel** zu **auquel**,
auxquels, **auxquelles** bzw. **duquel**,
desquels und **desquelles**.
Andere Präpositionen verschmelzen
nicht.*

Fragen stellen

*Setzen Sie **qui est-ce qui, qui est-ce que, qu'est-ce qui** oder **qu'est-ce que** ein.*

1. _Qu'est-ce que_ _____ c'est comme voiture ?

   C'est une BMW.

2. _____ écoute de la musique si fort ?

   Ce sont nos voisins.

3. _____ on mange ce soir ?

   On mange des légumes et des fruits.

4. _____ il cherche ?

   Il cherche sa fille.

5. _____ s'est passé ?

   Sa fille est partie depuis hier soir.

6. _____ Michel fait toute la journée ?

   Il écrit des poèmes.

7. _____ va aider la pauvre voisine ?

   Michel va aider la pauvre voisine.

8. _____ se trouve dans le grenier ?

   Des tableaux et des meubles se trouvent dans le grenier.

Umformen

*Formen Sie die Fragen mit **est-ce que** zu Fragen mit Inversion um.*

1. Est-ce que vous êtes Française ?

   Etes-vous Française _____ ?

2. Est-ce qu'il va en France pour faire des études ?

   _____ ?

3. Est-ce que vous avez beaucoup voyagé ?

   _____ ?

4. Est-ce que vous prenez souvent l'avion ?

_____ ?

5. Est-ce qu'elle n'a pas pris la voiture ?

_____ ?

6. Est-ce que votre femme connaît déjà la nouvelle collection ?

_____ ?

7. Est-ce que votre mari va en ville demain ?

_____ ?

8. Est-ce que le président n'a pas donné une interview ?

_____ ?

Einsetzen

Setzen Sie die fehlenden Fragewörter ein.

1. _Où_____ est-ce que vous allez ?   – A Lilles.

2. _____ est-ce que vous venez ?   – De Bruxelles.

3. _____ est-ce que vous partez ?   – A dix heures du soir.

4. _____ parlez-vous ?   – De Monsieur Dutour.

5. _____ penses-tu ?   – Aux prochaines vacances.

6. _____ écrivez-vous ?   – Au président de la République.

Fragen stellen

*Stellen Sie Fragen mit **lequel**.*

1. Mes voisins m'énervent. – _____ ?

2. En Bourgogne, il y a des villes très agréables. – _____ ?

3. Il parle d'un centre touristique pittoresque. – _____ ?

4. Ma mère est allée chez le médecin. – _____ ?

➡ *Lösungen siehe Seite 140.*

Lösungen

Lösungen zu Seite 11 – 12

une danseuse – une nièce – un roi – une institutrice – un camarade – un criminel – un peintre – un duc – une invitée – une victime

das Buch, das Pfund – der Kritiker, die Kritik – die Partei, der Teil – der Ofen, die Pfanne

les chevaux – les détails – les maux – les bijoux – les cours – les yeux

maskuline Nomen		feminine Nomen	
Singular	Plural	Singular	Plural
le monsieur	les messieurs	l'Espagnole	les Espagnoles
l'ouvrier	les ouvriers	la chienne	les chiennes
le Belge	les Belges	l'adolescente	les adolescentes
le médecin	les médecins	l'actrice	les actrices
le mouchoir	les mouchoirs	la Belge	les Belges
l'ordinateur	les ordinateurs	la fusée	les fusées
le détail	les détails	la baguette	les baguettes
le cheval	les chevaux	la maladie	les maladies
le prix	les prix	la décision	les décisions
le nez	les nez	la révision	les révisions
l'œil	les yeux	la différence	les différences
le bal	les bals	la crise	les crises
le soleil	les soleils	l'image	les images
l'hôtel	les hôtels	la dent	les dents

Lösungen zu Seite 22 – 23

1. du lait – de lait – de lait
2. du fromage – de gruyère – un peu de fromage – pas de fromage – du/un camembert
3. comme fruits – des pommes – des oranges – des kiwis – des ananas – les kiwis – pas les ananas – combien les oranges – un kilo de pommes – six kiwis
4. des fraises – pas de fraises – la plupart des gens – le supermarché – la plus grande partie des fruits
5. de l'eau – d'un litre – donnez m'en trois
6. l'addition – un billet de 100 francs – la monnaie – à la prochaine

1. son frère	3. sa mère	5. ses enfants	7. leur fille
2. son frère	4. son père	6. leur fils	8. leurs enfants

Lösungen zu Seite 39 – 41

1. Non, je ne l'ai pas vue.
2. Si, je l'ai vu.
3. Oui, on y va / nous y allons.
4. Oui, je le lui dirai.
5. Oui, je vais lui téléphoner.
6. Non, je ne pense pas souvent à elle.
7. Non, elle n'y travaille plus.
8. Non, il ne s'y intéresse plus.
9. Non, il n'y travaille plus.
10. Oui, elle leur appartient toujours.
11. Non, ils n'en ont pas changé.
12. Non, ils n'ont pas besoin d'elle.
13. Si, elle l'a aidée.
14. Oui, je vais y passer.
15. Oui, je peux t'en apporter.
16. Oui, j'en voudrais deux kilos.

1. Toutes ces cassettes sont à toi ? – Non, elles appartiennent toutes à ma sœur.
2. Tu as lavé les pantalons ? – Oui, je les ai lavés tous.
3. Pour la fête, je dois laver chaque assiette. Il faut qu'elles brillent toutes.
4. Tous les enfants sont rentrés ? – Non, pas tous.
5. Tu as tout mangé ? – Non, pas tout.
6. Il a dormi toute la journée.
7. Dans la vie, chaque jour est différent.

1. qui
2. dont / (de qui)
3. qui
4. auquel
5. dont
6. dont
7. à qui / à laquelle
8. dans laquelle
9. que
10. que
11. où / dans lequel
12. pour laquelle
13. parmi lesquelles
14. de laquelle
15. auxquels

Lösungen zu Seite 51 – 52

tirer – je tire – nous tirons – ils tirent
épeler – tu épelles – nous épelons – elles épellent
geler – je gèle – vous gelez – ils gèlent
mener – elle mène – nous menons – ils mènent
préférer – je préfère – vous préférez – elles préfèrent
placer – je place – tu places – nous plaçons
nager – on nage – nous nageons – ils nagent
envoyer – j'envoie – nous envoyons – ils envoient
réussir – je réussis – vous réussissez – elles réussissent
vendre – tu vends – nous vendons – ils vendent

1. ils ont, ils mangent
2. sommes-nous, on est
3. ils vont, ils traversent
4. est, boit
5. vous cuisez
6. disparaît
7. il parcourt
8. nous éteignons
9. ils ne croient pas
10. vous devez
11. nous dormons
12. s'écrit
13. il satisfait, ils veulent
14. élit
15. elle ne sent plus
16. je ne permets pas
17. elle souffre
18. se tait

1. Vous apprenez le français depuis longtemps.
2. Tous les jours, je reçois une lettre de mon oncle.
3. Le magasin vend tous ses vêtements en solde.
4. Je me souviens de Madame Dutour.
5. Nous vivons une époque difficile.

Lösungen zu Seite 58 – 60

Infinitiv	Passé composé mit avoir	Infinitiv	Passe composé mit être
vendre	j'ai vendu	aller	je suis allé(e)
offrir	j'ai offert	venir	je suis venu(e)
être	j'ai été	se taire	je me suis tu(e)
courir	j'ai couru	tomber	je suis tombé(e)
pouvoir	j'ai pu	arriver	je suis arrivé(e)
pleuvoir	il a plu	se rendre	je me suis rendu(e)
rire	j'ai ri	s'offrir	je me suis offert
devoir	j'ai dû	rentrer	je suis rentré(e)
voyager	j'ai voyagé	se dire	je me suis dit

1. il a fait
2. il s'est acheté, il les a mangés
3. il est allé, il a pris
4. il se sont promenés
5. ils ont continué, il a conduit
6. il a eu faim, il a lu
7. ils sont entrés
8. elle est venue, elle leur a montré
9. ils ont pris

10. elle est arrivée, elle la leur a donnée
11. il a ouvert
12. rien ne lui a plu
13. il a jeté
14. ils ont descendu, ils ont quitté
15. elle s'est tue, elle a ri
16. ils sont montés
17. ils sont partis

1. se levait, elle s'est levée
2. il faisait, on est allés
3. a bu, a commandé, a mangé, a payé
4. faisait des achats, il a vu
5. se promenait, elle a vu

6. avait, ils ont attendu
7. il préparait, a frappé
8. sont allés, ils ont pris
9. j'étais, je faisais, sont venus
10. elle se brossait, elle a oublié

Lösungen zu Seite 65 – 66

1. Je vais commencer à apprendre le français en avril.
2. Tu vas dire bonjour à ta mère.
3. A partir de demain, tu ne vas plus boire.
4. A la montage, nous allons bien dormir.
5. Vous allez revenir l'année prochaine ?
6. Demain soir, on va parler du nouveau film.
7. Est-ce que nous allons faire du ski pendant les vacances ?
8. J'espère qu'il ne va pas pleuvoir demain.
9. Ma fille va être une grande actrice.
10. Vous allez regarder un film samedi prochain ?

1. Mais nous ne passerons plus nos vacances dans les Alpes.
2. Mais on n'ira plus à Chamonix.
3. Mais on ne prendra plus de chambre à l'hôtel.
4. Mais nous ne dormirons plus dans une petite chambre.
5. Mais je ne m'ennuierai plus sur la piste.
6. Mais je n'enverrai plus de cartes postales à nos amis. Je ne les tiendrai plus au courant.
7. Mais il ne boira plus au bar.

8. Mais je ne verrai plus de photo de mon mari dans le journal.
9. Mais je ne ferai plus semblant de ne rien voir.
10. Mais je ne me tairai plus jamais.
11. Mais il ne me trompera plus.
12. Mais je ne verrai plus mon mari.

Lösungen zu Seite 79 – 82

1. Pourriez-vous m'aider ?
2. Nous pourrions aller au cinéma ce soir.
3. Demande-lui s'il serait d'accord.
4. Il m'a demandé si quelqu'un viendrait.
5. Des troupes étrangères auraient tué le président.
6. Au cas où / Dans le cas où / Pour le cas où ils viendraient, tu prépares un petit déjeuner.
7. J'aurais dû apprendre un autre métier.
8. L'ambassadeur allemand serait mort.
9. Je pourrais manger une glace énorme.

1. êtes	3. venait	5. fait	7. aurais acheté
2. avait passé	4. aimes	6. ferais	8. avais su

1. Je veux qu'il apprenne le français.
2. Je souhaite qu'elle soit partie.
3. J'exige qu'il travaille.
4. J'aimerais qu'il soit sage.
5. Je n'aime pas qu'elle lise au lit.
6. Je demande que la phrase soit correcte.
7. C'est surprenant qu'il ne pleuve plus.
8. Il est indispensable qu'elle sache compter.
9. Il est normal qu'il veuille un téléviseur.
10. Il est nécessaire qu'elle aille en vacances.
11. Je trouve bien que tu n'achètes plus de viande.
12. Je suis fâché qu'elle ne me tienne plus au courant.
13. Je suis surprise qu'il ne boive plus.
14. Je ne crois pas que tu sois contente.
15. Je ne me rappelle pas que tu aies mis la table.

1. allez ; Verb der Wahrscheinlichkeit: Présent oder Futur
2. avez fait ; in der indirekten Rede steht kein Subjonctif
3. apprennes ; unpersönlicher Ausdruck
4. ait ; unpersönlicher Ausdruck
5. est parti ; nach bejahten Ausdrücken des Denkens und Meinens steht kein Subjonctif
6. passiez ; Ausdruck der Gefühlsäußerung
7. fait ; Tatsache
8. ayons passées ; Superlativ aufgrund eigener Einschätzung
9. aille ; unpersönlicher Ausdruck
10. réussisses ; Verb der Willensäußerung

1d – 2e – 3i – 4a – 5g – 6h – 7f – 8b – 9c

Lösungen zu Seite 92 – 93

1. Non, je ne veux pas prendre de café.
2. Non, je n'ai pas mangé de sandwich.
3. Non, je ne veux rien boire.
4. Non, je n'ai pas encore parlé à mon professeur.
5. Non, je ne vais inviter personne.
6. Non, je n'ai rien vu.
7. Non, je ne mange pas de viande (du tout).
8. Non, ce n'est pas mon ami.
9. Non, je n'adore pas la musique.
10. Non, rien ne me manque / il ne me manque rien.
11. Non, je ne ferai plus de voyage.
12. Non, je n'ai vu ni Barbara ni Michel.
13. Non, ce n'est pas du fromage.
14. Non, il n'a plus rien dit.
15. Non, il n'a toujours pas trouvé de femme. / Non, il n'a pas encore trouvé de femme.
16. Non, elle n'a toujours pas parlé à ses parents. / Non, elle ne parlera plus jamais à ses parents.
17. Non, elle n'a plus parlé à personne.
18. Non, nous ne regardons pas toujours la télé.
19. Non, je n'ai pas encore passé mon permis de conduire.
20. Non, je ne viendrai pas non plus.

1c – 2g – 3a – 4h – 5d – 6b – 7f – 8e

Lösungen zu Seite 108 – 110

froide – rare – secret – européenne – fausse – aiguë – publique – facile – réel – frais

1. J'achète une voiture ancienne.
2. Il a les cheveux bruns.
3. Elle fait une sauce légère.
4. Ils font partie de l'église catholique.
5. Tu écris avec la main gauche.
6. Je lis un gros livre.
7. Vous racontez une brève histoire.
8. Elle arrive avec une jambe cassée.
9. Ils préfèrent la nourriture turque.
10. Je vois une pièce franco-allemande.
11. Elle contacte un certain Yves.
12. Elles portent des robes longues.
13. Il s'achète une voiture nouvelle.
14. Elle mène une vie simple.
15. Ils ont passé l'examen la semaine dernière.

1. Monique est plus grande que Florence.
2. Le château de Chenonceaux est plus vieux que celui de Versailles.
3. La voiture de M. Dutour est plus neuve que celle / la voiture de M. Floret.
4. Une chambre à l'Hôtel de Provence est plus chère qu'à l'Hôtel de Normandie.
5. Olivier est meilleur que Marc.

1. heureuse, heureusement
2. récemment, récente
3. énorme, énormément
4. complète, complètement
5. mieux, meilleure
6. mal, mauvaise
7. bien, bien
8. bien, bon, bien

Lösungen zu Seite 119 – 120

au restaurant – à Paris – au Portugal – dans le sud de la France – à Grenoble – dans le Bas-Rhin – en Italie – à Cuba – aux Pays-Bas – à pied – au cinéma – en voiture – en Suisse – à la montagne – au Japon – en Bourgogne – dans le Var – en train – à moto

1. à côté de la gare
2. au sud de Paris
3. chez le médecin
4. de Brest

5. à la campagne
6. dans les Alpes
7. à Saint-Petersbourg aux Etats-Unis
8. Entre la Suisse

1. en 1976
2. En juin et juillet
3. à deux heures du matin
4. à trois heures / pour trois heures / en trois heures
5. dans quinze jours
6. pour six mois / il y a six mois
7. il y a trois mois
8. jusqu'à deux heures / pendant deux heures / à partir de deux heures

1. à Annick mais à Pascal
2. Dans quinze jours, en avion
3. par avion
4. à café, à thé

5. de café
6. en/de cristal, pour 800 francs
7. A midi, dans la rue
8. de A à Z

Lösungen zu Seite 133 – 134

1. Qu'est-ce que
2. Qui est-ce qui

3. Qu'est-ce qu'
4. Qui est-ce qu'

5. Qu'est-ce qui
6. Qu'est-ce que

7. Qui est-ce qui
8. Qu'est-ce qui

1. Etes-vous Française ?
2. Va-t-il en France pour faire des études ?
3. Avez-vous beaucoup voyagé ?
4. Prenez-vous souvent l'avion ?
5. N'a-t-elle pas pris la voiture ?
6. Votre femme connaît-elle déjà la nouvelle collection ?
7. Votre mari va-t-il en ville demain ?
8. Le président n'a-t-il pas donné une interview ?

1. Où – 2. D'où – 3. Quand – 4. De qui – 5. A quoi – 6. A qui

1. Lesquels ? – 2. Lesquelles ? – 3. Duquel ? – 4. Chez lequel ?

Index